人工智能技术与应用

RENGONG ZHINENG JISHU YU YINGYONG

主　编　许桂平　王霞成　袁　博
副主编　周少卿　朱　丹　周毛等　徐志慧　王文霞
参　编　吴乐尘　杨天霞　黄志宏
主　审　鲍建成

中国教育出版传媒集团
高等教育出版社·北京

内容提要

本书围绕高等院校学生需求和学习特点，结合人工智能通识课的教学要求，坚持"实用性、通用性、工具性"原则，旨在让所有专业的学生都能灵活运用 AI 大模型，为日常学习和工作助力。编写时采用"项目引领、任务驱动、活动实施"的理念构建教材框架体系。本书由 7 个项目、15 个任务和 42 个活动组成，主要内容包括认识人工智能、用人工智能服务人类、用人工智能处理文字、用人工智能处理表格、用人工智能处理图像、用人工智处理音视频和创新创业项目综合实训。案例的选择尽量贴近生活，内容融入思政元素，体现地方特色和传统文化。

本书适用于高等院校各类专业，在教学过程中根据不同专业的特点，可以对教材内容按照实际需要适当取舍，也可以用于相关岗位的培训教学。

图书在版编目(CIP)数据

人工智能技术与应用 / 许桂平，王霞成，袁博主编. -- 北京：高等教育出版社，2025.8. -- ISBN 978-7-04-065289-5

Ⅰ．TP18

中国国家版本馆 CIP 数据核字第 2025B7T387 号

| 策划编辑 | 仇晓晴 | 责任编辑 | 程福平 仇晓晴 | 封面设计 | 张文豪 | 责任印制 | 高忠富 |

出版发行	高等教育出版社	网　　址	http://www.hep.edu.cn
社　　址	北京市西城区德外大街 4 号		http://www.hep.com.cn
邮政编码	100120	网上订购	http://www.hepmall.com.cn
印　　刷	上海叶大印务发展有限公司		http://www.hepmall.com
开　　本	787mm×1092mm　1/16		http://www.hepmall.cn
印　　张	14.75		
字　　数	270 千字	版　　次	2025 年 8 月第 1 版
购书热线	010-58581118	印　　次	2025 年 8 月第 1 次印刷
咨询电话	400-810-0598	定　　价	36.00 元

本书如有缺页、倒页、脱页等质量问题，请到所购图书销售部门联系调换

版权所有　侵权必究

物　料　号　65289-00

配套学习资源及教学服务指南

 二维码链接资源

本书配套微视频、色彩空间、视频赏析等学习资源,在书中以二维码链接形式呈现。使用手机扫描书中的二维码即可查看,随时随地获取学习内容,享受学习新体验。

打开书中附有二维码的页面　　　扫描二维码　　　查看相应资源

 教师教学资源索取

本书配有与课程相关的教学资源,例如,教学课件等。选用教材的教师,可在电脑端访问地址(101.35.126.6),注册认证后下载相关资源。如您有任何问题,可加入工科类教学研究中心QQ群:240616551。

前　言

在日新月异的科技浪潮中,人工智能作为新一轮科技革命的核心驱动力,正在重塑全球经济结构与社会形态,正以独特的魅力和无限的潜力,逐步渗透到社会的各个领域,引领着一场前所未有的技术革命。新时代的青年学生都应具备人工智能素养和视野,并能够运用人工智能技术分析和解决专业问题。为响应时代需求,培养适应未来社会的高素质技术技能型人才,编写团队精心组织编写了这本教材,旨在为读者构建一个系统、直观且易于理解的人工智能知识体系,介绍常见大模型的应用。

全书共分为七个项目模块,学习内容以项目化实施、任务驱动的方式展开,从人工智能的基本概念讲起,逐步深入到人工智能大模型的使用,涵盖支撑运行平台、关键技术、人工智能技术的广泛应用等方面,最后探讨人工智能与创新创业的支撑关系。这样的编排既符合认知规律,又能让读者在轻松愉快的阅读中逐步领略人工智能的奥秘。

本书在编写过程中,突出了以下三个鲜明的特色。

(1) 内容精炼,实用性强。本书在内容上力求精练、实用,避免冗长的理论推导和复杂的算法计算。精选了人工智能领域最核心、最实用的知识和技能,旨在让读者在有限的时间内获得最大的学习收益。

(2) 突出实训,理实结合。理论知识与实践技能的结合是掌握人工智能技术的关键。因此,本书在介绍理论知识的同时,特别注重实训环节的设计。通过具体大模型案例的应用分析,让读者在实践中加深对人工智能技术的理解和掌握,提升解决实际问题的能力。

(3) 案例丰富,激发兴趣。书中通过大量的案例分析,展示了人工智能在各个领域的广泛应用和深远影响,以及人工智能技术的巨大潜力,以激发读者学习人工智能的兴趣和热情,培养创新思维和实践能力。

本书编写团队由长期工作在教学一线的教师和企业生产一线的高级工程师组成。他们具有丰富的人工智能及相关领域的教学、实践经验。本书由昆山登云科技职业学院许桂平、王霞成、袁博担任主编,金山职业技术学院朱丹、昆山登云科技职业学院周少卿、周毛等、徐志慧、王文霞担任副主编,昆山登云科技职业学院吴乐尘、杨天霞和竞陆电子(昆山)有限公司黄志宏博士也参与了本书的编写,江苏海事职业技术学院鲍建成教授担任主审。

　　相信通过本书的学习,读者将系统地掌握人工智能的基本知识和应用技能,为未来的职业发展打下坚实的基础。同时,也希望本书能为高等院校各专业人工智能通识课程教学提供有力的支持,为相关岗位的培训提供优质的教材资源。让我们携手共进,共同迎接人工智能时代的到来!

　　由于时间仓促,加之编者水平有限,书中难免存在疏漏与不妥之处,恳请广大专家和读者批评指正。

编　者

目　录

项目一 ｜ 认识人工智能 ... 1

任务一　揭开人工智能的神秘面纱 ... 1
　　活动一　剖析人工智能概念 ... 5
　　活动二　区分人工智能类别 ... 5

任务二　探索人工智能的功能与效益 ... 6
　　活动一　探寻人工智能的多种功能 ... 11
　　活动二　分析人工智能效益 ... 12

任务三　纵览人工智能的发展脉络 ... 14
　　活动一　绘制人工智能关键发展节点与重大事件时间轴 ... 23
　　活动二　收集我国人工智能发展概况的资料 ... 24
　　活动三　预测未来趋势 ... 25

项目二 ｜ 用人工智能服务人类 ... 27

任务一　探讨人工智能的伦理与限制 ... 27
　　活动一　分析人工智能伦理原则 ... 33
　　活动二　分析 AIGC 的版权问题 ... 34

任务二　对话人工智能 ... 35
　　活动一　学会使用提示词 ... 45
　　活动二　训练提示技巧 ... 46

项目三 ｜ 用人工智能处理文字 ... 48

任务一　助力文本内容创意设计 ... 49

活动一　优化校园新闻宣传 ·· 57
　　　活动二　生成校园实践报告大纲 ·· 60
　　　活动三　构思与撰写社团活动策划文案 ···································· 62
　任务二　处理商务文字 ·· 65
　　　活动一　整理与优化毕业论文格式 ··· 78
　　　活动二　生成实习岗位沟通邮件 ·· 81
　　　活动三　撰写实习汇报 PPT ··· 84

项目四 ｜ 用人工智能处理表格　　　　　　　　　　　　　87

　任务一　处理数据 ·· 87
　　　活动一　设计表格 ·· 90
　　　活动二　处理数据 ·· 94
　　　活动三　可视化数据 ·· 96
　任务二　深度分析数据 ·· 98
　　　活动一　分析数据 ·· 99
　　　活动二　预测并分析趋势 ··· 101

项目五 ｜ 用人工智能处理图像　　　　　　　　　　　　　104

　任务一　文本生成图像 ·· 104
　　　活动一　绘制古诗场景 ·· 108
　　　活动二　绘制插画 ·· 113
　　　活动三　编写故事绘本 ·· 118
　任务二　智能处理图像 ·· 130
　　　活动一　抠取图像 ·· 135
　　　活动二　制作与裁切证件照 ·· 141
　　　活动三　擦除、替换与高清处理图像 ···································· 146
　　　活动四　抠章与替换文字 ··· 153
　　　活动五　增强与修复图像 ··· 156
　任务三　设计创意图像 ·· 160

　　　　活动一　设计品牌标志 …………………………………………… 162
　　　　活动二　设计个性化艺术字 ……………………………………… 164
　　　　活动三　设计春节宣传海报 ……………………………………… 166

项目六 ｜ 用人工智能处理音视频　　　　　　　　　　　　　168

　　任务一　用人工智能处理音频 ………………………………………… 168
　　　　活动一　实现文字转语音 ………………………………………… 174
　　　　活动二　实现语音转文字 ………………………………………… 180
　　　　活动三　克隆声音 ………………………………………………… 184
　　任务二　用人工智能生成视频 ………………………………………… 188
　　　　活动一　用文字生成视频 ………………………………………… 192
　　　　活动二　打造数字人形象 ………………………………………… 199
　　　　活动三　运用人工智能换脸技术 ………………………………… 205

项目七 ｜ 创新创业项目综合实训　　　　　　　　　　　　　214

　　任务　AI 辅助设计中药饮品店创新创业项目 ………………………… 215
　　　　活动一　收集与分析中药饮品店可行性 ………………………… 219
　　　　活动二　分析项目预算 …………………………………………… 221
　　　　活动三　设计创业项目宣传方案 ………………………………… 222

项目一

认识人工智能

在科技飞速发展的今天,人工智能已深度融入生活的方方面面:从日常使用的智能语音助手,到医疗机构中辅助诊断的智能设备,再到交通领域的辅助驾驶汽车,人工智能无处不在。本项目旨在引导大家全面认识人工智能,了解其概念、分类、功能及发展历程,培养对人工智能的兴趣,提升科技素养,为后续深入学习和探索人工智能领域奠定基础。

任务一　揭开人工智能的神秘面纱

任务情境

身处数字化时代,我们频繁接触到各种人工智能应用,却未必深入了解其本质与分类。现在,让我们一起开启探索之旅,揭开人工智能的神秘面纱:通过真实场景案例,探究人工智能的核心概念与分类,并通过对比弱人工智能与强人工智能的差异,掌握两者的本质区别,为后续深入学习和实践应用奠定基础。

任务目标

1. 能清晰阐述人工智能的概念、分类。
2. 掌握弱人工智能和强人工智能的差异。

知识准备

一、人工智能的定义

人工智能（artificial intelligence，简称 AI）是指通过计算机程序和机器学习技术，使计算机系统具备类似人类智能的能力，包括感知、推理、学习、理解、判断和创造等方面。人工智能是计算机科学的一个重要分支，旨在模拟、延伸和扩展人类的智能。

从能力角度看，其核心目标是让机器具备像人一样的感知能力，例如计算机视觉技术能让机器识别图像中的物体，就像人用眼睛识别事物；还有语言理解能力，自然语言处理技术可使机器能够理解人类语言的含义，如聊天机器人能读懂并回复人们的问题。

从应用场景看，人工智能广泛应用于多个领域：在医疗领域，借助机器学习、图像识别等技术对 X 光、CT 等医疗影像进行分析诊断，辅助医生发现病变和疾病特征，提升诊断的准确性和效率；通过对大量医疗数据的学习，还能预测疾病的发生风险、治疗反应和遗传特征等，为患者提供个性化的治疗方案。在交通领域，人工智能体现在智能交通系统的各类应用中。例如，通过传感器和摄像头收集交通流量数据，运用算法进行实时分析，并实现智能交通信号控制，优化路口通行效率；无人驾驶技术也是人工智能的重要应用方向，车辆通过感知周围环境、识别道路标志和交通信号，利用深度学习等算法做出决策，实现安全、高效的自主驾驶。图 1-1 所示为"萝卜快跑"无人驾驶车。

图 1-1 "萝卜快跑"无人驾驶车

从技术实现层面来看，机器学习是人工智能的核心技术之一，其本质是让机器从大量数据中学习规律。例如，通过对海量的历史天气数据进行学习，可预测未来天气情况。而深度学习作为机器学习的重要分支,借助神经网络模型解决更复杂的问题,例如,在语音识别系统中就运用了深度学习技术来提高识别的准确率。

二、人工智能的分类

人工智能可分为弱人工智能和强人工智能。

1. 弱人工智能

弱人工智能又称窄人工智能,是人工智能的一个重要分支。弱人工智能是指专注于执行特定任务的人工智能系统,这类系统只能在预先设定的程序和训练范围内进行决策和行动,无法像人类一样具备广泛的智能和自主意识。

(1)特点

任务特定性:用于解决特定领域的问题,如语音识别、图像识别、自然语言处理等,在其擅长的领域内表现出色,但难以处理领域外的任务。如图1-2所示的智能语音机器人,可以自动处理大量标准化查询和简单任务。

缺乏自主性:没有自主意识和情感,不能像人类一样主动思考、学习和创造,只能按照预设的规则和算法对输入数据进行处理和响应。

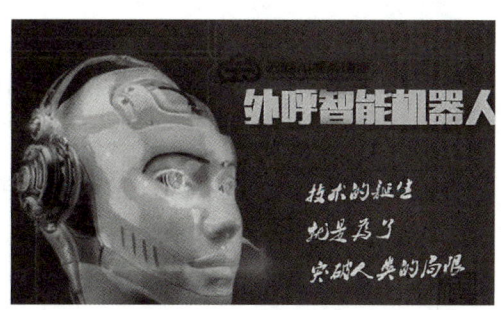

图1-2 智能语音机器人

依赖数据和训练:需要大量的数据来进行训练,以学习和识别模式,从而在特定任务中实现良好的性能表现。

(2)应用领域

日常生活:虚拟助手如小爱同学、小度、Siri等,可帮助用户查询信息、播放音乐、设置提醒等;智能家居设备可以根据用户偏好自动调节室内环境。

交通出行:辅助驾驶汽车在特定条件下可实现车辆行驶的自主控制,但仍需人类驾驶员作为后备。

医疗健康:辅助识别医学图像中的异常(如X光片、CT扫描中的病灶),还可用于疾病诊断、药物研发等场景。

金融经济:股票交易算法可分析市场数据并执行交易决策。

娱乐产业:可在电子游戏中控制非玩家角色的行为,使游戏体验更真实。

（3）局限性

智能范围狭窄：只能在特定领域发挥作用，无法像人类一样跨领域综合运用知识和技能解决问题。

缺乏深度理解：虽可处理和分析数据，但对数据背后的意义和上下文缺乏真正理解，如机器翻译可能出现语义理解不准确的情况。

可靠性问题：系统可能出现错误或失效，尤其在复杂、不确定的环境中，如辅助驾驶汽车可能因传感器故障或算法缺陷导致事故。

存在伦理道德风险：如自动化武器系统、虚假信息传播等可能引发伦理和道德争议，需要人类进行严格监管和规范。

2. 强人工智能

强人工智能，也被称为通用人工智能，是人工智能研究领域的一个重要目标。强人工智能是指能够像人类一样进行全面思考、学习、理解和解决问题的人工智能系统。它具有与人类相似的智能水平，可以在各种未知情境下灵活运用知识与技能，作出恰当反应。

（1）特点

通用性：不局限于特定任务，能处理包括逻辑推理、创造创新、情感理解等多方面的复杂问题，例如可以像人类一样完成撰写小说、谱曲、科研等多样化工作。

自主学习能力：无须依赖大量预定义数据和特定程序，能自行探索并获取新知识，比如可以像人类一样自主学习新的学科知识。

自我意识：能够感知自我存在，理解自身与外界的关系，甚至具备情感体验，尽管这一特性目前仍存在争议且难以验证。

（2）发展现状与挑战

发展现状：目前还没有真正实现强人工智能。虽然人工智能技术发展迅速，但现有的模型仍属于弱人工智能范畴。

技术挑战：构建强人工智能面临诸多技术难题，如计算机如何实现真正的语义理解、如何建立通用的学习机制、如何使系统具备自我意识等。

伦理道德挑战：若强人工智能被开发出来，可能会引发一系列伦理道德问题，例如权利和责任的界定、是否会取代人类等。

活动一 │ 剖析人工智能概念

活动描述

分组讨论人工智能在生活中的应用实例(如智能音箱、图像识别门禁等)。每个小组选取一个应用,从能力表现、应用场景、技术实现等方面进行深入分析,探究其如何体现人工智能的特性。随后,各小组进行汇报展示。

活动分析

通过列举生活实例,可以拉近学习者与抽象概念的距离,使其更直观地感受人工智能。从不同角度分析应用,有助于培养学习者的观察和分析能力,深化对人工智能概念的理解。小组讨论和汇报展示环节还能锻炼团队协作和表达能力。

活动步骤

1. 回忆并分享生活中的人工智能应用,进行简单记录。
2. 自由分组,每组选择一个应用进行深入研究,查阅资料、分析特点。
3. 各小组制作汇报 PPT,包含应用介绍、分析结果等内容,在班级内进行展示,其他小组提问交流。

同步实训

请同学们自主寻找一个新的人工智能应用,参照课堂分析模式,撰写一篇简短的分析报告,阐述该应用所涉及的人工智能技术、实现功能及应用价值。

活动二 │ 区分人工智能类别

活动描述

教师提供多个人工智能系统案例,如语音翻译软件、智能工业机器人、虚拟创作助手等。学生分组对这些案例进行分类,判断其属于弱人工智能还是强人工智能,并阐述分类依据。随后,每个小组进行总结发言,分享分类思路和对两类人工智能的新认识。

💡 活动分析

借助实际案例分类,能够深入理解弱人工智能和强人工智能的本质区别,避免死记硬背概念。在讨论和发言过程中,学生的逻辑判断和语言表达能力也能得到锻炼。

活动步骤

1. 教师展示案例,并介绍案例的基本功能和应用场景。
2. 学生分组讨论案例分类,记录分类理由和讨论过程中的疑问。
3. 各小组代表发言,其他小组进行补充和质疑,最后由教师总结归纳,纠正错误认知。

同步实训

请同学们从互联网或生活中收集两个人工智能案例,自行判断所属类别,并制作一张对比卡片,列出案例特点、分类依据及两类人工智能的差异。

任务二 探索人工智能的功能与效益

任务情境

人工智能作为当今科技发展的核心驱动力,已广泛应用于商业、医疗、教育、交通等多个领域。本任务通过系统分析人工智能的核心功能及其带来的经济、社会、环境等多维度效益,帮助学生理解人工智能技术的基本原理与应用价值。通过案例与实践结合的方式,培养学生对人工智能技术的认知能力,为后续学习奠定基础。

任务目标

1. 掌握人工智能的六大核心功能及其具体应用场景。
2. 理解人工智能在商业、社会、环境及科研领域的效益表现。

3. 能够结合实际案例,分析人工智能技术解决实际问题的具体路径。
4. 通过实训活动,体验人工智能功能的实现过程。

 知识准备

一、人工智能的功能

人工智能具有多种功能,主要包括以下几个方面。

1. 学习功能

(1) 监督学习:人工智能系统通过标记数据进行学习,如在图像识别中,根据大量已标记物体类别的图像数据学习,从而实现对新图像中的物体准确识别。

(2) 无监督学习:在没有预先标记的数据中发现模式和规律,例如对客户的购买行为数据进行分析,自动划分出不同的客户群体。

(3) 强化学习:系统在环境中采取行动,并根据反馈的奖励或惩罚信号来优化行为策略,像 AlphaGo 通过与自己对弈,依据胜负结果调整并优化下棋策略。

三者关系如图 1-3 所示。

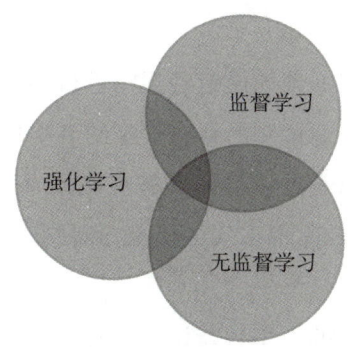

图 1-3 监督学习、无监督学习、强化学习的关系

2. 推理功能

(1) 逻辑推理:依据已有的规则和知识进行推理,例如在智能诊断系统中,根据病症与疾病之间的逻辑关系,推断出可能的疾病类型。

(2) 因果推理:分析事件之间的因果关联,例如分析天气变化与农作物产量之间的因果联系,帮助农业生产作出决策。

3. 感知功能

（1）视觉感知：能够识别图像和视频中的物体、场景、文字等信息，例如在安防监控中识别出特定的人物或异常行为。

（2）听觉感知：对声音进行分析和处理，例如语音助手能识别用户的语音指令，实现人机交互。

4. 自然语言处理功能

（1）文本理解：理解文本的含义和意图，例如自动分析新闻文章的主要内容和情感倾向。

（2）文本生成：根据给定的信息生成自然语言文本，例如写作机器人能够创作新闻稿件、故事等。

5. 判断功能

（1）基于数据的判断

数据关联分析：人工智能能够对海量数据进行关联分析，识别数据中的模式和规律。例如，在医疗领域通过分析大量患者的症状、检查结果、病史等数据之间的关联，判断疾病类型及严重程度。

概率评估：人工智能可以计算事件发生的概率。例如，在金融风险评估中，通过分析市场数据、企业财务数据等，评估投资风险发生的概率，辅助投资者进行决策。

（2）逻辑推理判断

规则推理：人工智能系统依据预先设定的规则进行推理判断。例如，智能交通系统根据交通规则判断车辆是否违章，这种判断具有较高的准确性和逻辑性。

语义理解推理：通过自然语言处理技术理解文本语义，进行推理判断。例如，智能法律咨询系统通过理解法律条文和案件事实的语义，判断案件的法律性质和处理方向。

（3）情境感知判断

环境感知判断：配备传感器的人工智能设备可感知环境信息并做出判断。例如，辅助驾驶汽车通过摄像头、雷达等传感器感知路况，判断是否需要刹车、加速或转弯。

多模态信息融合判断：融合多种模态的信息，如图像、声音、文字等，提高判断的准确性。例如，智能安防系统结合监控视频图像和声音信息，判断是否存在安全威胁。

6. 创造功能

（1）内容创作

文本创作：能够撰写新闻报道、小说、诗歌等多种类型的文本。例如，一些人工智能系统可以根据给定的主题和要求,快速生成新闻稿件的初稿,为记者节省时间。

图像创作:通过学习大量的图像数据,人工智能可以生成新的图像,包括风景、人物、产品设计图等。比如在游戏开发中,可以利用人工智能生成游戏场景的部分图像元素。

音乐创作:能够创作简单的旋律和音乐片段。部分人工智能音乐创作工具可以根据用户设定的风格、节奏和情感等参数,生成相应的音乐作品。

(2)创意启发

设计领域:为设计师提供创意灵感。比如在建筑设计中,人工智能可以分析场地条件、功能需求等数据,生成多种建筑外形和空间布局的创意概念,设计师可以从中获取灵感,进一步完善设计方案。

广告创意:帮助广告策划人员拓展思路。它可以分析目标受众的喜好、市场趋势等信息,生成新颖的广告创意,如独特的广告文案风格、视觉呈现方式等。

(3)问题解决中的创造性思维

科学研究:在处理复杂的科学问题时,人工智能可以从大量数据中发现新的模式和关系,提出新的假设。例如,在药物研发中,人工智能可以分析化合物的结构和生物活性数据,提出潜在的药物分子结构,为新药研发提供新的方向。

二、人工智能的效益

人工智能的效益主要体现在以下几个方面。

1. 商业效益

(1)成本降低:在客服领域,人工智能聊天机器人可以替代部分人工客服,降低人力成本。同时,它可以 7×24 小时不间断工作,提高服务响应速度。在制造业中,智能机器人可 24 小时不间断工作,精准完成生产任务,大幅缩短生产周期。例如汽车生产线上,机器人焊接、装配零部件,生产效率远超人工。图 1-4 所示是机器人焊接的工作场景。

(2)精准营销:人工智能通过分析消费者的行为数据、偏好信息等,实现精准的广告投放和产品推荐。例如,电商平台根据用户的浏览和购买历史推荐相关商品,提高购买转化率。

(3)推动创新发展:人工智能催生新的商业模式和产品类型,如智能健康监测设备、无人驾驶汽车等,有效拓展了经济发展空间。

图 1-4 机器人焊接

(4) 风险预测：在金融领域，人工智能模型可以分析大量的金融数据，预测市场趋势和风险，帮助投资者做出更明智的决策。

2. 社会效益

(1) 改善医疗保健：在辅助医疗影像诊断方面，人工智能可提高诊断的准确性和效率。例如，AI 系统能够识别 X 光、CT 等影像中的微小病变，帮助医生更早发现疾病。此外，还能通过分析患者的基因数据、病史等，为个性化医疗提供支持。

(2) 增强公共安全：在监控视频分析中，人工智能可以实时识别异常行为、犯罪嫌疑人等，预防和打击犯罪活动。同时，在自然灾害预测方面，它可以分析气象、地质等数据，提前发出预警信息。

(3) 优化教育资源：提供个性化的学习方案，根据学生的学习进度、能力和习惯，智能推送学习内容和练习题目，提高学习效果。

(4) 优化交通出行：智能交通系统实时监测路况、调度车辆，缓解交通拥堵。例如，城市中的智能红绿灯系统，可以根据车流量自动调整红绿灯时长，如图 1-5 所示。

3. 环境效益

(1) 能源管理：人工智能可以优化能源分配和利用，在电网中，通过预测用电需求，合理调度电力资源，减少能源浪费。

(2) 资源保护：利用人工智能技术监测自然资源的变化，例如通过卫星图像和数据分析，监测森林覆盖面积、野生动物数量等，为生态保护提供数据支撑。

图 1-5　信号灯自主优化放行时间

4. 科学研究领域

（1）加速数据处理：人工智能可高效处理海量科研数据，帮助科学家快速筛选出有价值的信息。例如，在天文学中，通过分析星系观测数据，加速对宇宙的研究进程。

（2）辅助实验模拟：通过模拟复杂的实验环境和过程，人工智能可降低实验成本和风险。例如，在化学实验中，通过模拟分子反应过程，减少实际实验的盲目性。

活动一 ｜ 探寻人工智能的多种功能

活动描述

以"人工智能的功能"为主题进行资料收集，可以采用查阅书籍、浏览网页、观看纪录片等方式。收集完成后，小组内整理资料，制作一份电子版手抄报，展示人工智能的各项功能。最后，在班级内进行电子版手抄报展览和讲解。

活动分析

资料收集过程能培养自主学习和信息筛选能力。制作电子版手抄报可锻炼创意设计和知识整合能力，电子版手抄报展览和讲解有助于提高表达能力，更全面地认识人工智能的价值。

活动步骤

1. 了解资料收集的渠道和方法，布置收集任务，明确资料范围。
2. 分组进行资料收集，组内成员分工合作，整理筛选有用信息。
3. 小组成员共同设计电子版手抄报版面，将收集的信息以图文并茂的形式呈现，完成后在班级内展览，每组派代表讲解电子版手抄报内容。

同步实训

选择一个自己感兴趣的领域，如农业、娱乐业等，深入调研人工智能在该领域的具体功能，撰写一篇500字左右的调研报告。

活动二 ｜ 分析人工智能效益

活动描述

以"人工智能的效益"为主题，围绕商业、社会、环境及科研四大领域，通过案例分析、数据调研、小组讨论等方式，深入探究人工智能技术带来的多维效益。选择一个具体领域（如医疗、交通、教育、制造业等），搜集实际应用案例，分析其具体效益表现，并完成一份图文并茂的效益分析报告。最后，通过班级内的案例分享会，各组展示分析成果并进行交流讨论。

活动目标

1. 理解人工智能在商业、社会、环境及科研领域的效益类型及其表现形式。
2. 能够结合实际案例，分析人工智能技术如何推动效率提升、成本优化或创新发展。
3. 培养数据收集、案例分析和逻辑表达能力，增强对人工智能社会价值的认知。
4. 通过小组协作与分享，提升团队合作与批判性思维能力。

活动分析

本活动通过案例调研与分析，将理论知识与实际应用结合，深化对人工智能效益的理解。案例选择与数据收集过程可锻炼信息筛选和问题聚焦能力；分析报告的撰写要求逻辑严谨、以数据为支撑，有助于提升学术写作能力；案例分享会则通过互动交流，拓宽对不同领域人工智能应用的视野。

活动步骤

1. 教师引导与任务布置

2. 教师讲解人工智能效益的分类及典型案例,明确分析框架(如效益类型、数据指标、实际影响等)。

3. 提供案例分析模板(如背景介绍、技术应用、效益量化、社会反馈等),并推荐调研渠道(学术论文、行业报告、新闻案例等)。

4. 小组分工与案例选择

学生自由组队(每组3~4人),选择感兴趣的分析领域(如医疗、交通、教育等)。每组确定具体案例(如"AI辅助癌症早期诊断""智能交通信号优化系统"),拟定调研计划。

5. 资料收集与效益分析

通过查阅相关文献、企业官网、新闻报道等,收集案例相关数据(如成本节省比例、效率提升数据、用户满意度等)。

分析案例中人工智能技术如何产生效益,结合"效益表现"知识点,进行分类归纳(如商业成本降低、社会公共安全增强等)。

6. 报告撰写与可视化呈现

撰写分析报告(800~1 000字),报告须包含案例背景、技术应用、效益分析(需量化数据支持)、未来展望等内容。

制作配套的PPT或信息图,以图表形式直观展示效益对比(如传统方式与AI应用的成本曲线、效率变化趋势等)。

7. 班级案例分享与讨论

各组轮流展示分析成果,重点说明案例的典型性、效益表现及社会意义。其他小组可提问或补充同类案例,教师总结点评,强调人工智能技术应用的跨领域协同效应。

同步实训

以个人为单位,选择一项人工智能技术(如智能客服、环境监测AI、教育个性化推荐系统等),设计一份600字左右的"效益优化方案"。方案须包含:技术应用场景描述;当前存在的问题或痛点;拟采用的人工智能解决方案;预期效益(分商业、社会、环境等维度);实施可行性分析(技术、成本、政策等)。

任务三　纵览人工智能的发展脉络

任务情境

人工智能技术自诞生以来,经历了多次技术革新与产业变革,深刻影响着全球科技发展与社会进步。本任务通过梳理人工智能的历史发展脉络、分析我国人工智能的现状与核心竞争力,并结合技术趋势预测未来发展方向,全面理解人工智能的演进过程与战略意义。通过绘制发展时间线、调研国内外发展概况、预测未来趋势等活动,培养对人工智能发展的系统性认知与前瞻性思维,为后续学习和实践应用奠定基础。

任务目标

1. 掌握人工智能发展历程中的关键节点与重大事件,理解技术演进的逻辑与背景。

2. 分析我国人工智能的发展现状与核心竞争力,包括产业规模、企业布局、政策支持等。

3. 了解人工智能在各个领域的应用。

4. 预测人工智能的未来技术趋势与应用方向,结合多领域融合、相关法律法规、人机协作等维度进行展望。

知识准备

一、人工智能发展历史

1. 早期概念与基础(20 世纪 50 年代至 60 年代)

1950 年,艾伦·图灵提出"图灵测试",为判断机器是否具有智能提供了一种方法,奠定了人工智能理论基础。测试时,让测试者与被测试者(一个人和一台机器)隔开,通过对话来判断哪个是机器。若测试者无法区分，就认为机器具有智能。例如，测试者通过聊天窗口与A、B对话，A是人类，B是机器，如果在一系列交流后，测试者不能明确辨别出B是机器，就说明机器通过了图灵测试，如图1-6所示。

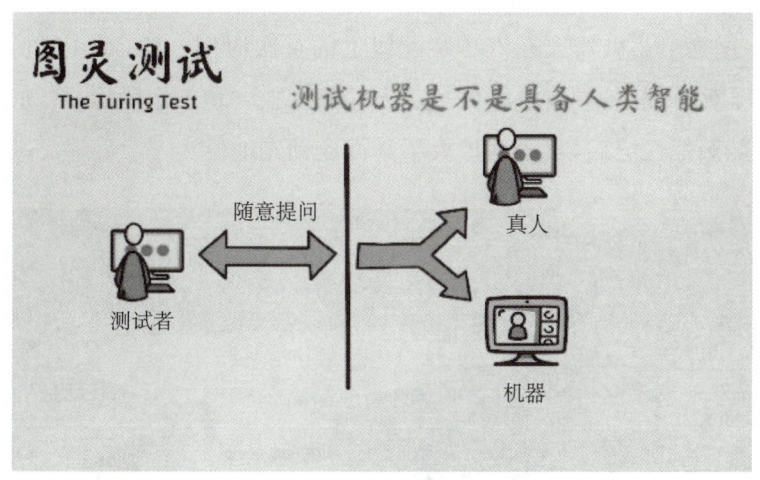

图1-6　图灵测试

1956年达特茅斯会议在美国达特茅斯学院举行，会议持续了两个月。尽管与会科学家们没有达成普遍的共识，但他们为讨论的内容起了一个名字：人工智能。这次会议正式确立"人工智能"概念，标志着人工智能学科诞生，为后续的研究和发展奠定了基础。图1-7所示为参加达特茅斯会议的主要科学家。

图1-7　参加达特茅斯会议的主要科学家

1957年,弗兰克·罗森布拉特发明感知器,这是神经网络雏形,为人工智能技术发展奠定了基础。感知器的发明受到生物神经元及其学习能力的启发,它是一个受人类神经元启发的程序,运行在当时最先进的计算机上,具备学习能力。

1961年,全球首台商用工业机器人尤尼梅特(Unimate)应用于通用汽车工厂的装配线上(图1-8),这是工业机器人在汽车装配线上的首次应用。Unimate机器人的应用使生产效率得到了显著提高,同时也降低了工人的劳动强度和工作风险,帮助通用汽车取得了自动化生产的革命性突破,巩固并扩大了其行业领先地位。

图1-8 工业机器人尤尼梅特

20世纪60年代初,第一个能够理解自然语言的程序(SLIP)诞生。1965年,ELIZA聊天程序问世,开启人机对话新时代。它只有200行程序代码和一个有限的对话库构成,可以针对提问中的关键词,进行答复。ELIZA其实没有任何智能性可言,完全基于预设规则运作,既无法理解对方的内容,也不知道自己在说什么。但即便如此,它还是在当时引起了轰动。ELIZA可以说是现代智能语音助手(如Siri、小爱同学等)的鼻祖。如图1-9

图1-9 第一个机器聊天人ELIZA

所示是第一个聊天机器人 ELIZA。

2. 第一次人工智能热潮与低谷(20 世纪 60 年代至 70 年代)

20 世纪 60 年代是符号主义的鼎盛时期,在符号主义的推动下,整个人工智能研究都进入了一个高速发展的阶段,也被称为 AI 的黄金时代。在这一背景下,学术界对 AI 的预期开始变得盲目乐观。有些研究者认为:"二十年内,机器将能完成人能做到的一切工作。"

随着时间的推移,学者们逐渐发现,基于推理规则的"智能",实际能力非常有限。加上当时计算机的计算能力和存储能力尚处于早期阶段,系统根本达不到预期的效果。

1973 年,数学家莱特希尔(Lighthill)向英国政府提交了一份关于人工智能的研究报告——《莱特希尔报告》。报告指出人工智能那些看上去宏伟的目标根本无法实现,相关研究已经彻底失败。这一结论导致人工智能进入第一个发展低谷,即 AI 之冬(AI Winter)。

3. 复苏与成长阶段(20 世纪 80 年代至 90 年代)

AI 之冬的持续时间并不长。1980 年,人工智能迎来了第二次发展高潮。

第二次浪潮的主角是符号主义的一个新阶段——专家系统(Expert System)。专家系统的兴起为 AI 的发展注入了新活力。人工智能开始应用于金融、医疗、制造等多个行业,标志着其进入一个快速成长的新时代。

专家系统,就是一个面向专业领域的超级"知识库+推理库",它通过整理大量的专家知识和经验,分析并编写出海量的规则,导入系统。然后,系统根据这些基于知识和经验整理出来的规则,进行逻辑推理,来模拟和延伸人类专家的决策能力,解决复杂的问题,如图 1-10 所示。

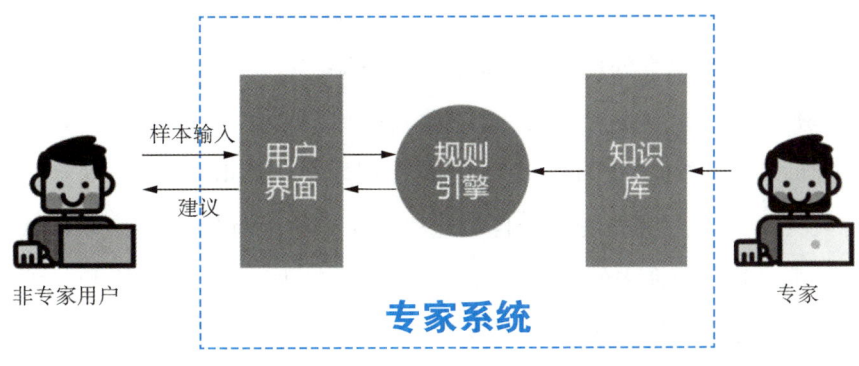

图 1-10　专家系统

1997年5月,IBM公司制造的"深蓝"计算机击败国际象棋世界冠军卡斯帕罗夫,标志着人工智能在特定领域取得突破性进展。

4. 机器学习和深度学习崛起(21世纪00年代至10年代早期)

2006年,杰弗里·辛顿在深度学习领域取得了一系列重要成果,为后续深度学习的快速发展奠定了坚实的基础,推动了深度学习在学术界和工业界的广泛关注和应用。

2011年2月16日,IBM公司的计算机"沃森"(Watson)在美国热门的电视智力问答节目"危险边缘"(Jeopardy!)中战胜了两位人类冠军。"危险边缘"以其复杂、微妙的文字游戏而著称,自然语言数据在真实世界中所产生的各种问题,都能在其中有所体现,沃森夺冠展示了机器学习在自然语言处理方面的强大能力。

2012年,深度卷积神经网络AlexNet出现。在计算机视觉领域,AlexNet广泛应用于图像分类、目标检测、人脸识别等任务;在自然语言处理领域,可用于文本分类、情感分析等任务;在语音识别领域也有一定的应用。AlexNet在ImageNet竞赛中首次亮相并一举夺冠,是深度学习在计算机视觉领域的里程碑事件。

2014年,微软发布智能助理Cortana(微软小娜),能够了解用户的喜好和习惯,帮助用户进行日程安排、问题回答等,实现了人机交互。

5. 深度学习革命(21世纪10年代至今)

随着大数据和计算能力快速发展,深度学习技术推动人工智能进入爆发式增长阶段,尤其是语言模型与对话式人工智能方面。2018年,美国人工智能研究公司(OpenAI)发布基于Transformer架构的生成式预训练语言模型GPT(Generative Pretrained Transformer),该模型通过深度学习技术,利用海量的无监督文本数据进行预训练,从而学习语言的普遍规律,高效处理文本。2022年的ChatGPT人机对话表现更出色,2023年的GPT-4在多项自然语言处理任务上取得最优结果。

自动驾驶领域,2009年,谷歌启动自动驾驶汽车项目,2014年,特斯拉正式推出Autopilot辅助驾驶系统,2017年,百度在上海车展发布"Apollo计划",同年7月,在百度AI开发者大会上,正式发布全球首个自动驾驶开放平台Apollo,宣告自动驾驶时代来临。

DeepSeek是这场革命中的重要参与者。2025年1月20日发布的DeepSeek-R1模型,在数学推理、代码生成、自然语言理解等任务中表现优异。这些模型在各自的领域都取得了出色的成绩,推动了人工智能深度学习技术的发展和应用。

二、我国人工智能发展概况

1. 政策驱动:国家战略与产业融合

我国将人工智能列为国家战略核心,通过政策引导与技术扶持推动其快速发展。自2016年《"十三五"国家科技创新规划》明确AI战略地位后,国务院陆续出台《新一代人工智能发展规划》等政策,强调"人工智能+"行动,推动技术与实体经济深度融合。2024年发布的《国家人工智能产业综合标准化体系建设指南》进一步规范行业应用,地方政府也通过立法支持自动驾驶、人形机器人等领域发展,形成"技术+场景+政策"协同驱动模式。

2. 技术突破:从跟跑到局部领跑

大模型与算法创新:国产大模型(如DeepSeek、通义千问、文心一言)通过"多头潜在注意力(MLA)"和"混合专家架构(MoE)"等技术,以低成本实现与GPT-4等国际顶尖模型媲美的性能。例如,DeepSeek-R1的训练成本仅为国际同类模型的1/70,推理效率显著提升,突破了"算力至上"的传统路径,转向"算法优化+算力降本"新模式。

算力基建跃升:2025年中国智能算力规模预计达1 037.3 EFLOPS(百亿亿次浮点运算/秒),年复合增长率超43%。液冷技术、边缘计算等正推动绿色高效算力网络的构建。

3. 应用落地:从实验室到万亿市场

工业智能化:AI深度渗透制造业,优化能耗、提升效率50%以上。例如,北京某平板企业利用大模型将产线排产时间缩短75%,沈阳某电子企业通过AI自动化设计,效率提升40%。

智能终端与自动驾驶:华为、小米通过AI Agent技术重构手机生态,百度、小鹏领跑自动驾驶,北京、广州等开放自动驾驶道路测试权限后,城市道路接管率突破80%。

医疗与教育普惠:AI辅助诊断系统已覆盖全国60%以上的三甲医院,个性化学习系统打破了教育资源地域限制。

4. 产业生态:区域集聚与生态协同

企业分布:截至2024年,中国人工智能企业数量突破4 500家,其中应用层企业占比61.5%,基础层(芯片、传感器)和技术层(算法、平台)占比分别为9.9%和28.6%。

区域格局:京津冀、长三角、珠三角为三大产业集群,北京以29%的企业占比领先,广东(21.9%)、上海(14%)紧随其后。

5. 挑战与未来趋势

（1）现存挑战

技术瓶颈：高端芯片依赖进口问题突出、数据隐私与伦理争议亟待解决。

人才缺口：复合型 AI 人才短缺，需完善教育体系并深化产学研合作。

（2）未来趋势

智能体（Agent）商用爆发：2025 年或成智能体元年，AI 从"工具"演变为"数字劳动力"，逐步接管企业流程管理、客服等复杂任务，预计市场规模年复合增长率达 44.8%。

端侧 AI 与具身智能崛起：手机、智能汽车等终端设备集成轻量化模型，人形机器人通过小模型实现环境感知与交互能力，赋能医疗与工业场景。

AI 立法与全球化竞争：中国参与制定国际 AI 标准（如中文语料标注标准 CLAS-2023），推动技术自主化发展与全球治理话语权提升。

三、人工智能在各个领域的应用

随着人工智能技术的快速发展，其应用已渗透到社会生产与生活的各个领域。以下列举人工智能在不同行业中的典型应用场景，帮助理解技术的跨界融合与实践价值。

1. 现代服务业与数字化管理

智能客服与个性化推荐：通过 NLP（自然语言处理）技术实现 24 小时在线客服，结合用户历史数据推荐个性化餐饮、住宿方案。

动态定价与资源调度：利用机器学习预测客流量，优化房间定价策略，并通过物联网技术实现客房设备的智能控制。

智能调度系统：基于深度学习算法实时分析列车运行数据，优化发车间隔与路线规划，减少延误发生。

人脸识别与安检自动化：通过计算机视觉技术实现快速身份核验，提升乘客通行效率。

2. 健康与教育领域

智能监护系统：利用传感器与摄像头监测婴幼儿活动状态，对异常情况（如摔倒、哭闹）实时预警。

个性化成长分析：通过 AI 分析儿童行为数据，为家长提供营养、早教等定制化建议。

远程健康监测：穿戴设备实时采集老人心率、血压等数据，AI 算法预测健康风险并联动医疗机构。

陪伴机器人：基于语音交互技术提供情感陪伴，协助老人完成日常事务提醒。

3．工业与智能制造

智能生产线：工业机器人结合视觉识别系统，实现零部件的精准抓取与装配，提升生产效率。

预测性维护：通过传感器采集设备运行数据，AI模型预测故障并提前发出预警，减少停机损失。

自动驾驶技术：利用计算机视觉与雷达融合感知环境，实现L3级以上的辅助驾驶功能。

电池管理系统（BMS）：AI算法优化电池充放电策略，延长电池寿命并提升安全性。

4．建筑与工程领域

BIM（建筑信息模型）与AI协同：AI辅助生成建筑结构优化方案，自动计算材料用量与成本预算。

无人机巡检：通过AI图像识别检测施工安全隐患（如裂缝、倾斜），提升工程质量管理效率。

智能设计工具：AI生成多种风格设计方案（如现代、中式），并基于用户反馈实时调整。

虚拟现实（VR）体验：结合AI渲染技术，快速构建沉浸式室内场景，辅助客户决策。

5．信息技术与数字创意

AI开发框架实践：学习TensorFlow、PyTorch等工具，开发图像分类、语音识别等基础模型。

行业解决方案设计：结合物流、电商等专业需求，开发智能仓储调度系统、用户画像分析模型等应用。

AI辅助创作：利用生成对抗网络（GAN）自动生成角色原画或场景草图，提升创作效率。

动态捕捉与虚拟偶像：通过AI算法优化动作捕捉数据，打造更逼真的虚拟角色动画。

6．商贸与数据分析

智能推荐系统：基于用户浏览与购买历史，利用协同过滤算法实现精准商品推荐。

舆情分析与广告投放：通过AI挖掘社交媒体数据，分析消费者偏好并优化广告投放策略。

预测模型构建:通过回归分析与神经网络预测市场趋势,辅助企业制定销售计划。

数据可视化工具:AI 自动生成交互式图表,帮助非技术人员快速理解复杂数据。

人工智能并非孤立的技术,而是与各行业深度融合的"赋能工具"。从上述内容可以看出,无论是传统制造业、服务业,还是新兴的数字创意领域,AI 都在推动效率提升与模式创新。学习过程中,可结合自身专业方向,探索 AI 技术的跨界应用,成为"AI + 专业"的复合型人才。

四、人工智能发展趋势

1. 技术深化与融合

(1) 深度学习的拓展:深度学习将不断优化和拓展,例如在图像识别领域,模型将能更精准地识别复杂场景中的物体;在医疗影像分析中,对疾病的诊断会更准确。

(2) 强化学习的应用拓展:强化学习会在更多领域得到应用,如在机器人控制中,使机器人能更好地适应复杂多变的环境,完成复杂任务。

(3) 多模态融合:将视觉、听觉、触觉等多模态信息融合,可使人工智能系统更全面地理解和处理信息,如在智能驾驶场景中,综合车辆传感器、摄像头等多源数据,更准确地感知路况信息。

(4) AI 与其他技术的融合:AI 与物联网、大数据、5G、区块链等技术的融合将更加紧密。例如 AI 与物联网结合实现智能家居、智能工厂等场景的自动化控制和优化。

2. 应用拓展与创新

(1) 医疗健康领域深化:疾病诊断领域,AI 辅助诊断系统将广泛应用于各类疾病诊断中,提高早期诊断率;药物研发领域,利用 AI 技术可以加速药物发现和研发过程,降低成本。

(2) 交通出行变革:自动驾驶技术不断成熟并实现更广泛的商业化应用,提高出行效率和安全性;交通管理领域,通过 AI 可实现智能交通调度和管理,有效缓解拥堵问题。

(3) 金融服务升级:风险评估和欺诈检测领域,AI 模型能更精准地识别风险和欺诈行为,保障金融安全;智能投资顾问领域,系统根据用户的投资偏好和市场动态,提供个性化、精准化的投资建议。

(4) 教育领域创新:个性化学习平台借助 AI 为学生制定个性化学习路径和内容,提高学习效果;智能教育辅助工具如智能辅导系统、自动批改作业等应用将更加广泛。

3. 伦理与法规的重视

随着 AI 技术的广泛应用，伦理和法规问题日益突出，未来将更加关注 AI 系统的公平性、透明性和隐私保护。政府和相关机构会制定更严格的法律法规，规范 AI 的研发、应用和数据管理，确保其合法、合规、符合道德伦理标准，维护公众权益和社会秩序。

4. 人机协作与融合

未来，AI 将更多地作为人类的协作伙伴，而非简单的替代者。在工作场景中，人类与 AI 共同完成任务，发挥各自优势，提高工作效率和质量，创造更多价值。例如在创意产业中，人类与 AI 共同创作音乐、绘画、文学等作品，融合人类的创造力和 AI 的生成能力，为用户带来更丰富的艺术体验。

5. 产业变革与经济影响

AI 将推动各传统产业转型升级，提高生产效率、降低成本、优化资源配置，衍生出更多新的商业模式和产业生态。同时，AI 产业自身也将不断发展壮大，成为经济增长的重要引擎，带动相关产业的协同发展，创造大量的就业机会和经济效益。

6. 全球合作与竞争加剧

国际 AI 合作将不断加强，各国共同开展科研项目、共享数据资源、交流技术经验，推动 AI 技术的快速进步和应用。同时，AI 领域的竞争日益激烈，各国纷纷加大在 AI 研发、人才培养、产业布局等方面的投入，争夺 AI 技术的制高点和市场份额，以提升自身在全球科技竞争中的地位。

活动一 | 绘制人工智能关键发展节点与重大事件时间轴

🤖 活动描述

学生以小组为单位，通过查阅资料（教材、网络资源、纪录片等），梳理人工智能发展史上的重要里程碑事件（如达特茅斯会议、感知器发明、深蓝击败卡斯帕罗夫、AlphaGo、ChatGPT 等），标注时间节点、核心技术与影响意义，并绘制一份图文并茂的"人工智能发展时间轴"。完成后，在班级内展示并讲解时间轴内容，其他小组可补充或提问。

活动分析

通过时间轴的绘制,能直观理解人工智能技术从萌芽到爆发式增长的历程,掌握关键技术的突破与社会影响的关联。小组合作与展示环节可提升信息整合能力与表达能力。

活动步骤

1. 教师引导:讲解时间轴制作要点,提供示例(如达特茅斯会议、深度学习崛起等)。

2. 资料收集:学生分组收集人工智能发展史中的重大事件,标注时间、技术名称、代表人物及意义。

3. 设计时间轴:用数字工具(如PPT、在线时间轴生成器)或手绘方式呈现,需包含至少10个关键节点。

4. 展示与讨论:每组展示时间轴,重点说明技术突破的影响(如"深蓝如何推动符号主义发展"),其他小组补充遗漏事件。

同步实训

选择一个人工智能发展史上的转折事件(如"AI寒冬"或"深度学习革命"),撰写一篇500字的分析短文,探讨其技术背景、社会影响及对后续发展的启示。

活动二 | 收集我国人工智能发展概况的资料

活动描述

分组调研我国人工智能的发展现状,聚焦核心产业规模、区域差异、政策支持、国际竞争力等维度。通过查阅政府工作报告、行业白皮书、企业案例等资料,整理数据并制作一份"我国人工智能发展概况"信息图。信息图需包含图表(如产业规模增长曲线、区域企业分布图)与文字说明,并在班级内分享调研成果。

活动分析

通过数据收集与可视化呈现,学生可深入理解我国人工智能产业的现状与挑战,培养数据分析和归纳能力。对比区域差异与政策支持,能增强对国家战略布局的认知。

活动步骤

1. 任务分工：每组选择1~2个调研方向（如"长三角地区AI产业优势分析""专利申请趋势分析"）。

2. 资料收集：利用工信部报告、学术论文、企业官网等渠道获取最新数据（如2023年核心产业规模1 751亿元）。

3. 制作信息图：用Canva、Excel等工具设计信息图，突出数据对比（如"京津冀与粤港澳融资情况对比"）。

4. 班级分享：每组用3分钟讲解信息图内容，其他小组提问（如"为何长三角企业数量最多？"）。

同步实训

选择一个国内人工智能领军企业（如百度、科大讯飞），撰写300字简介，内容涵盖其核心技术、应用场景及社会贡献。

活动三 | 预测未来趋势

活动描述

结合教材中"人工智能发展趋势"内容，分组讨论未来5~10年人工智能可能的技术突破与应用场景（如多模态融合、AI+医疗、伦理法规完善）。每组选择一个方向，设计一份"未来AI趋势预测报告"，包含技术原理、潜在应用、社会效益及挑战，并以情景模拟（如"2030年的智慧城市"）形式在班级内展示。

活动分析

通过预测与情景模拟，学生能将理论知识与现实问题结合，锻炼逻辑推理与创新思维。探讨伦理挑战（如隐私保护）可增强社会责任感。

活动步骤

1. 选题与讨论：每组从技术深化、应用拓展、伦理法规等方向中选择一个主题。

2. 资料整合：结合教材案例（如辅助驾驶、AI药物研发）与课外资源，分析技术可行性。

3. 报告撰写：内容包含趋势描述、案例支持（如"AI在气候变化预测中的应用"）、风险分析。

4. 情景展示：用角色扮演、视频短片或PPT模拟未来场景（如"AI教师如何个性化辅导"）。

同步实训

学生以个人为单位，设计一个"未来AI产品创意方案"（如智能环保机器人），描述其功能、技术支撑及预期效益，字数要求400字。

项目二

用人工智能服务人类

人工智能作为第四次工业革命的核心驱动力,其服务人类的价值已从技术愿景转化为现实图景。人工智能的本质应是"解放而非替代人类"。通过建立技术可控性(备案制度)、伦理约束性(GAI 认证)与人文导向性(医疗、教育保留人类决策)的三重保障,人工智能正从工具进化为文明的协同创造者。这种以人类价值为核心的人工智能发展路径,将成为数字文明时代的重要特征。

科技不是要让人工智能取代人类,而是要让人工智能更好地服务人类。对于普通人来说,保持开放学习的心态,尝试使用人工智能工具提高工作效率;培养人工智能无法轻易替代的能力,如创造力、情感交流、复杂决策等;关注人工智能伦理问题,对技术滥用保持警惕。

本项目旨在让大家全面认识人工智能的伦理与限制问题,探讨人工智能面临的伦理问题、数据隐私等,培养对人工智能的正确认识,掌握提示词使用技巧,为更好地使用人工智能技术奠定基础。

任务一　探讨人工智能的伦理与限制

任务情境

随着人工智能技术的快速发展,其在社会各领域的应用日益广泛,从医疗健康到金融服务,从教育到交通,人工智能正在重塑人们的生活和工作环境。然而,技术的进步也带来了一系列伦理问题,包括隐私侵犯、数据偏见、责任归属、机器自主性等。通过深入讨论人工智能技术带来的多维度挑战与机遇,揭示了 AI 在推动社会进步的同时,也伴随着伦理、社会、经济及法律等方面的问题,人工智能伦理不仅关乎技术本身的健康发展,更关乎人类社会的长远福祉。

任务目标

1. 通过讨论和案例分析,培养对 AI 伦理问题的批判性思考和分析能力。
2. 培养对 AI 技术发展中伦理问题的敏感性和责任感。

知识准备

一、人工智能面临的伦理与道德问题

人工智能对社会的影响深远且多维度。一方面,它极大地提高了生产效率和服务质量,推动了经济的增长和社会的发展。另一方面,这种增长并非没有代价。自动化和智能化可能会导致大规模的就业结构变化,一些职业可能因此消失,而新的职业和技能需求则随之产生。此外,人工智能的决策过程往往缺乏透明度,这可能会导致公众对技术的不信任,甚至加剧社会不平等和数字鸿沟。因此,如何在促进技术发展的同时,确保社会的公平性和包容性,成为亟待解决的课题。

人工智能的发展和应用,给人类社会带来了巨大的变革和影响。然而,随着人工智能技术的不断进步,也带来了一系列伦理和道德问题,需要认真思考和解决。以下是人工智能所面临的几个主要伦理和道德问题。

1. AI 与人类智能的价值冲突

随着智能化水平提升,可能引发对人类智能价值和地位的讨论。人们担忧过度依赖人工智能会削弱人类的创造力、批判性思维能力,甚至影响人类的自我认同。

2. AI 带来的隐私困境

人工智能技术需要大量的数据进行训练和学习,但这些数据中可能包含个人隐私信

息。如何确保用户的隐私权和数据安全,成为一个重要的伦理和道德问题。

3. AI 的透明度和责任界定

由于深度学习模型的复杂性,人工智能技术往往是一个"黑盒子",无法清晰地解释其结果和决策过程。这可能会导致责任归属的问题,如辅助驾驶汽车发生事故时,究竟是算法的问题还是制造商的问题。

4. AI 引发的就业结构和社会稳定

人工智能技术的发展可能会推动某些行业的自动化进程,进而引起结构性的失业。此外,在政治和军事领域的使用,也可能导致社会不稳定。

5. AI 决策中的人类价值观

人工智能技术在做出决策时,是否应该考虑人类的价值观和道德标准?这是一个重要的伦理问题,需要我们对人工智能算法和应用进行适当的规范和约束。

解决这些伦理和道德问题,需要制定相应的法规和政策,保护个人隐私权和数据安全,加强人工智能技术的透明度和责任制,确保人工智能技术的发展符合人类的道德标准和价值观。同时,我们也需要通过教育和宣传,提高公众对人工智能技术的认识和理解,促进其健康发展和应用。

二、数据隐私保护的伦理问题

数据产业面临的伦理问题包括数据主权和数据权问题、隐私权和自主权的侵犯问题、数据利用失衡问题,这些问题贯穿大数据的采集、生产、存储、交易流转和开发使用全过程。相对于传统隐私和互联网发展初期的隐私,大数据技术的广泛使用导致隐私的概念和范围发生了很大的变化,表现出数据化、价值化的新特点。隐私保护伦理问题的解决需要从责任伦理的角度出发,关注大数据技术带来的风险,倡导多元参与主体的共同努力,在遵守隐私保护的伦理准则的基础上,强化道德伦理教育并健全隐私保护的伦理约束机制。

1. 数据主权和数据权问题

由于跨境数据流动剧增、数据经济价值凸显、个人隐私危机爆发等多方面因素,数据主权和数据权问题已成为数据和人工智能产业发展的关键问题。数据的跨境流动虽不可避免,但伴随国家安全风险,数据主权问题应运而生。数据主权是指国家对其政权管辖地域内的数据享有生成、传播、管理、控制和利用的权力,是国家主权在信息化、数字化和全球化发展趋势下新的表现形式,是各国在大数据时代维护国家主权和独立,反对数据垄断和霸权主义的必然要求,是国家安全的保障。

数据权包括机构数据权和个人数据权。机构数据权是企业和其他机构对个人数据的采集权和使用权,是企业的核心竞争力。个人数据权是指个人拥有对自身数据的控制权,它是个人保护自身隐私信息不受侵犯的权利,也是个人的基本权利。个人在互联网上产生了大量的数据,这些数据与个人的隐私密切相关,个人对这些数据拥有财产权。2011年,世界经济论坛将个人数据界定为"新资产类别",数据成为一种资产,可以像商品一样被交易。

2. 数据利用失衡问题

数据利用的失衡主要体现在以下两个方面。

(1) 数据的利用率较低。随着网络应用的发展,每天都有海量的数据产生,全球数据规模呈指数级增长,但是,一项针对大型企业的调研结果显示,企业大数据的利用率仅在12%左右。而政府掌握的大量数据利用率更低。

(2) 数字鸿沟现象日益显著。数字鸿沟不仅制约数据流通,还导致不同领域数据利用水平差异显著。相较于商用领域(如电商、电信、金融)的成熟应用,大数据在"政用""民用""工用"场景(如医疗、能源、教育)的发展仍处于起步阶段,在技术、人才和数据规模上存在显著差距。由于商用领域数据价值变现能力强,数据资源、社会资本和人才持续向其倾斜,甚至在商用内部也存在资源向头部行业和企业集中的现象。然而,大数据在改善民生、辅助政府决策、提升工业信息化水平等社会价值领域具有巨大潜力,因此需推动大数据发展更加均衡,以契合国家大数据战略中"服务经济社会发展和人民生活改善"的核心导向。

3. 构建隐私保护的伦理准则

隐私保护的伦理准则包括以下几方面。

(1) 权利与义务对等。数据生产者作为数据生命周期的基础环节,既承担为大数据技术发展提供数据源、保护个人隐私的义务,又享受大数据技术带来的便利与利益;数据搜集者作为数据生命周期的中间环节,既有权在网络公共空间中搜集数据获取利益,也需履行数据搜集阶段保护用户隐私的义务。数据使用者作为整个数据生命周期中利益链条的终端主体,在获取丰厚利益的同时,应承担推进整个社会发展、造福人类和保护个人隐私的责任。

(2) 自由与监管适度。主体的意志自由正在因严密的监控和隐私泄露所导致的个性化预测而受到禁锢。而个人只有在具有规则的社会中才能谈论自主、自治和自由。因此，在解决隐私保护的伦理问题时，需构建一定的规则与秩序，在维护社会安全的前提下，给予公众适度的自由，这是隐私保护伦理准则所必须关注的重点。所以要平衡监管与自由的砝码，让政府与企业更注重个人隐私的保护，提升个人保护隐私意识，防止沉迷于网络，努力做到在保持社会良好发展的同时，也不忽视公众对个人自由的诉求。

（3）诚信与公正统一。因丰厚利益的刺激和社交活动在虚拟空间的无限延展，部分互联网用户违背诚信基本准则，做出了一些不良举动，例如，利用黑客技术窃取用户隐私信息，通过不道德商业行为攫取更多利益等。在社会范围内建立诚信体系、营造诚信氛围，不仅有利于隐私保护伦理准则的构建，更是对个人行为、企业发展、政府建设的内在要求。

（4）创新与责任结合。在构建隐私保护的伦理准则时，可以引入"负责任创新"理念，对大数据技术的创新和设计过程进行全面的考量与评估，确保大数据技术的相关信息能被公众所接受，并以一种开放、包容、互动的态度来看待技术的良性发展。

三、人工智能伦理原则

人工智能发展作为一场席卷全球的科技革命的同时，也是给人类文明带来前所未有的深远影响的社会伦理实验。在应用层面，人工智能已经开始用于解决社会问题，各种服务机器人、辅助机器人、陪伴机器人、教育机器人等社会机器人和智能应用软件应运而生，但各种伦理问题也随之产生。机器人伦理与人类工程学相关，涉及人体工程学、生物学和人机交互，需要以人为中心进行机器智能设计。随着社会机器人进入家庭，在保护隐私、满足个性等方面都要以人为中心而不是以机器为中心进行设计。过度依赖社会机器人将带来一系列的家庭伦理问题。为了避免人工智能以机器为中心，需要法律和伦理研究参与其设计，而相关伦理与哲学研究也要对人工智能技术有必要的了解。

1. 创新发展道德伦理宣言

2018年7月11日，人工智能产业创新联盟面向成员组织发布了《人工智能创新发展道德伦理宣言》。成员组织包括中国电子信息产业发展研究院、英特尔（中国）有限公司、科大讯飞股份有限公司、微软（中国）有限公司、京东集团股份有限公司、天津市高新技术企业协会等40余家国内机构及企业。宣言共6章22条，内容涵盖人工智能系统、人工智能与人类的关系、人工智能具体接触人员的道德伦理要求、人工智能的应用、当前人工智能发展的方向等方面。

宣言指出,人类社会发展的最高阶段是实现人类解放和人的自由全面发展,人工智能技术研发当以此为最终依归,进而促进全人类福祉。同时,鉴于人工智能技术对人类社会既有观念、秩序和自由意志的挑战巨大,且发展前景充满未知,对人工智能技术的创新应设定倡导性与禁止性的规则,这些规则本身应凝聚不同文明背景下人群的基本价值共识。

在人工智能与人类的关系方面,宣言指出,人工智能的发展应始终以造福人类为宗旨,防止人工智能的巨大优势转为人类生存发展的巨大威胁,当人工智能的设定初衷与人类整体利益或个人合法利益相悖时,人工智能应当无条件停止或暂停工作进程,以保证人类整体利益的优先性。

此外,宣言还对人工智能具体接触人员提出了道德伦理的要求:人工智能的研发者自身应当具备正确的伦理道德意识,并将这种意识贯彻于研发全过程;人工智能产品的使用者应当遵循产品的既有使用准则,不得擅自变动、篡改原有的设置,使之背离创新、应用和发展初衷,破坏人类文明及社会和谐。

同时,宣言呼吁对人工智能的应用和推广应秉持审慎科学的态度,尤其是在国家公共事务和军事等领域。

2. 可信赖的人工智能伦理准则

2019年,欧盟人工智能高级别专家组正式发布了《可信赖的人工智能伦理准则》。根据该准则,可信赖的人工智能应该满足以下几点。

(1) 合法:尊重所有适用的法律法规;

(2) 合乎伦理:尊重伦理原则和价值观;

(3) 稳健:既从技术角度考虑,又考虑到社会环境。

该准则提出了未来人工智能系统应满足的七大原则,以便确认系统是可信赖的,并给出一份具体的评估清单,旨在协助核实每项要求的适用情况。

(1) 人类代理和监督:人工智能不应该践踏人类的自主性,人类不应该被人工智能系统所操纵或胁迫,应该能够干预或监督软件所做的每一个决定。

(2) 技术稳健性和安全性:人工智能应该是安全而准确的,它不应该轻易受到外部攻击(例如对抗性例子)的破坏,并且应该是相当可靠的。

(3) 隐私和数据管理:人工智能系统收集的个人数据应该是安全的,并且能够保护个人隐私,隐私和数据不应该被任何人访问,也不应该轻易被盗。

(4) 透明度:用于创建人工智能系统的数据和算法应该是可访问的,软件所做的决定应该"为人类所理解和追踪",换句话说,操作者应该能够解释他们的人工智能系统所做的决定。

（5）多样性、无歧视、公平性：人工智能应向所有人提供服务,不分年龄、性别、种族或其他特征,同样,人工智能系统不应在这些方面有偏见。

（6）环境和社会福祉：人工智能系统应该是可持续的（即它们应该对生态负责）,并能"促进积极的社会变革"。

（7）问责制：人工智能系统应该是可审计的,并由现有的企业告密者保护机制覆盖,系统的负面影响应事先得到承认和报告。

这些原则中有些条款的措辞比较抽象,很难从客观意义上进行评估。该准则不具有法律约束力,但可能对欧盟起草的相关法律法规产生影响。欧盟发布的报告还包括一份"可信赖人工智能评估列表",它可以帮助专家找出人工智能软件中任何潜在的弱点或危险。此列表包括以下问题："你是否验证了系统在意外情况和环境中的行为方式?"以及"你评估了数据集中数据的类型和范围了吗?"该准则为人工智能的道德和责任制定了全球标准。

活动一 ｜ 分析人工智能伦理原则

活动描述

分组讨论人工智能面临的伦理问题,在生活中的案例,如辅助驾驶、绘画创意等。每个小组选取一个案例,从法律权界定、数据保护、版权归属等方面进行深入分析,探究如何分析人工智能的伦理问题。之后,各小组进行汇报展示。

活动分析

通过列举案例,能深入分析人工智能面临的伦理和法律问题,更直观地感受人工智能的伦理原则。从不同角度分析案例,有助于培养学习者的观察和分析能力,加深对人工智能面临的伦理问题的理解。小组讨论和汇报展示环节还能提升团队协作和表达能力。

活动步骤

1. 教师引导学生搜集并分享生活中的人工智能伦理案例,并进行简单描述。
2. 学生自由分组,每组选择一个案例进行深入研究,查阅资料、分析问题。

3. 各小组制作汇报 PPT，包含案例介绍、问题分析等内容，并在班级内进行展示，其他小组提问交流。

同步实训

结合搜集的案例，讨论人工智能"如何以人类为中心"，开展头脑风暴，结合人工智能的伦理原则，完成一份简短的报告。

活动二 ｜ 分析 AIGC 的版权问题

活动描述

根据教师提供的人工智能生成内容（artificial intelligence generated content，AIGC）版权法规和案例，学生分组讨论 AIGC 带来的版权问题，并分析使用 AIGC 会带来哪些问题以及如何在学习中正确使用 AI，随后，每个小组阐述观点并完成总结发言。

活动分析

借助实际案例分类，通过对已经发生的案例进行分析，能让学生深入理解人工智能面临的问题。在讨论和描述过程中，提升学生的逻辑分析和语言表达能力，加深对人工智能伦理问题的理解。

活动步骤

1. 教师提供案例，介绍案例的基本过程和争议。

2. 学生分组讨论案，记录分歧和讨论过程中的问题。

3. 各小组代表发言，其他小组提问，教师参与引导。

同步实训

学习人工智能创新发展道德伦理宣言，并讨论人工智能技术发展该如何实现"科技向善"。

任务二　对话人工智能

任务情境

随着科学技术的不断进步，AI 逐渐渗透至人类的学习、生活以及工作等多个领域。尽管在人们心中，AI 似乎是一个无所不知、无所不能的"宝库"，但在实际应用中，它常常无法提供令人满意的解决方案或答案。这并非因为 AI 的智能化程度不足，而是因为人类与 AI 之间的交流存在障碍，导致 AI 未能充分理解人类提出的问题。

提示词是一种特殊的指令或问题，用来引导或激发 AI 系统作出特定的响应或操作。在人机交互中，提示词充当用户意图与 AI 功能之间的桥梁。简单来说，提示词是用户向 AI 提出问题或请求的方式，它决定了 AI 理解和回应的内容和方式。

本任务通过学习运用提示词与 AI 对话，实现与 AI 共同进步，并使其更好地服务于人类。通过案例与实践结合的方式，学习正确撰写提示词，提升与 AI 对话的能力。

任务目标

1. 了解 AI 提示词的定义和作用。
2. 掌握 AI 提示词在智能对话中的一般方法。
3. 能够在小组合作下完成与 AI 对话。
4. 体会 AI 对话给学习、生活带来的效率提升。

知识准备

一、初识 AI 提示词

一个好的提示词应该帮助使用者明确 AI 的任务、提供必要的背景信息、限定回答的范围和深度,因此,提示词应遵循以下原则。

（1）明确性:提示词应清晰明确,避免模糊表述。

（2）简洁性:尽量简洁明了,避免过于复杂的句子结构。

（3）具体性:提供具体的背景信息和期望的回答方向,以减少歧义。

（4）连贯性:在多轮对话中,提示词应保持前后一致,确保对话的连贯性。

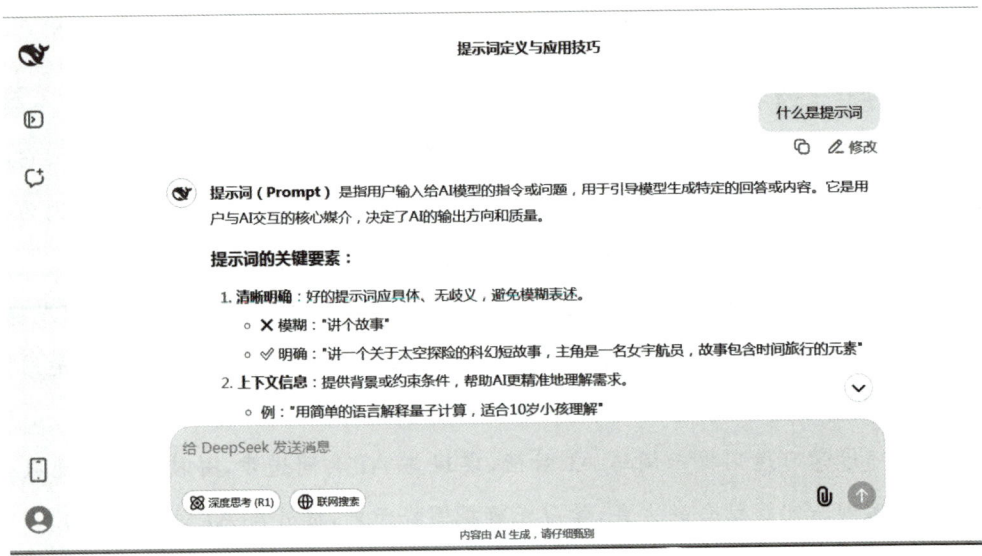

图 2-1　AI 提示词的定义

提示词通常是一组描述如何执行所需任务的指令,如图 2-1 所示。例如,要使用 DeepSeek 根据岗位需求描述起草职业生涯规划,可以使用以下提示词:

"您正在做职业生涯规划。写一份发展规划说明,解释为什么您对该职业感兴趣。"

研究发现,大语言模型提供的结果在很大程度上取决于给出的具体提示。所以,虽然解释清楚一项任务(例如写求职信)似乎很简单,但简单的调整(例如措辞和格式)会极大影响大语言模型的输出结果。

1. 提示的原理

大语言模型(Large Language Model,LLM)通过大量的文本数据进行训练,学习语言的结构和模式。例如,人工智能语言模型 GPT 通过对海量数据的分析,学会了如何在不同语境下生成连贯且有意义的文本。在用户使用 LLM 时,系统依赖于提示词提供的上下文信息。这意味着,提示词越清晰、越具体,系统越能准确理解用户的意图。

当用户输入提示词后,人工智能系统会通过以下步骤生成回答。

（1）解析提示词：解析输入的提示词，提取关键词和语境。

（2）检索知识库：根据解析结果，从训练数据中检索相关信息。

（3）生成文本：结合上下文和检索到的信息，生成连贯的回答文本。

上述步骤都依赖提示词的质量。如果提示词模糊或缺乏具体性，人工智能的解析和检索过程就会受到影响，最终生成的回答也可能不尽如人意。可见，提示词扮演着至关重要的角色，它不仅是用户与人工智能模型交互的桥梁，更是一种全新的"编程语言"，用户可以通过精心设计的提示来指导人工智能模型产生特定的输出，执行各种任务，如图2-2所示。

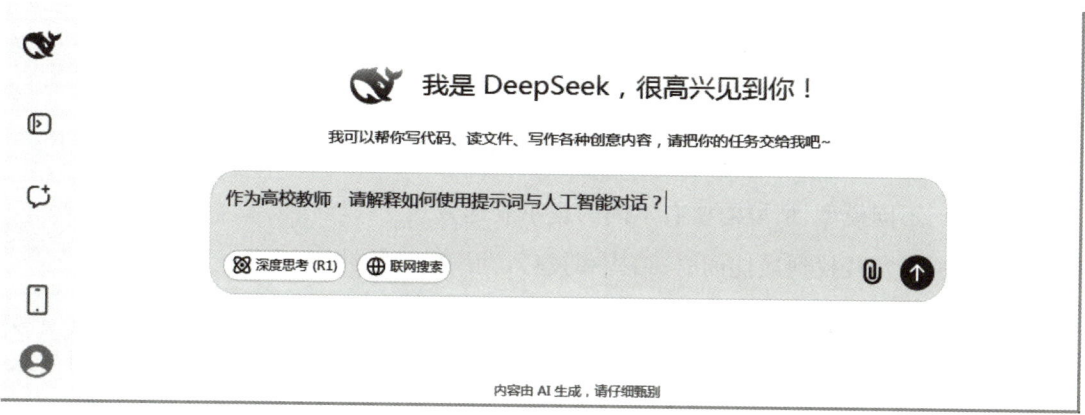

图2-2　AI提示词示例

2. 提示构成

一个完整的提示应该包含清晰的指示、相关上下文、有助于理解的示例、明确的输入以及期望的输出格式。

（1）清晰的指示：对任务进行明确描述，相当于给模型下达了一个命令或请求，它告诉模型应该做什么，是任务执行的基础。

（2）相关上下文：与任务相关的背景信息，它有助于模型更好地理解当前任务所处的环境或情境。在多轮交互中，相关上下文尤其重要，因为它提供了对话的连贯性和历史信息。

（3）有助于理解的示例：给出一个或多个具体示例，用于演示任务的执行方式或期望的输出格式。这种方法在机器学习中称为示范学习，实践证明其有助于提高输出模型的正确性。

（4）明确的输入：任务的具体数据或信息，是模型需要处理的内容。在提示中，输入应该被清晰地标识出来，以便模型能够准确地识别和处理。

（5）期望的输出格式：模型根据输入和指示生成的结果。提示词中通常会描述输出格式，以便后续模块能够自动解析模型的输出结果。常见的输出格式包括结构化数据格式,如 JSON、XML 等。

3. 提示调优

提示调优是一个人与机器协同的过程,需明确需求、注重细节、灵活应用技巧,以实现最佳交互效果。

(1) 人的视角:明确需求。

核心点:确保清晰、具体地传达自己的意图。

策略:简化复杂需求,分解为模型易理解的指令。

(2) 机器的视角:注重细节。

核心点:机器缺乏人类直觉,需详细提供信息和上下文。

策略:精确选择单词和结构,避免歧义,提供完整线索。

(3) 模型的视角:灵活运用技巧。

核心点:不同模型、情境需要有不同的提示表达方式。

策略:通过实践找到最佳词语、结构和技巧,利用模型特性。

4. 链式思考提示

链式思考(Chain-of-Thought,CoT)提示是一种引导 AI 分步推理的技术,通过要求模型"展示思考过程"来提升复杂问题(如数学计算、逻辑推理)的回答准确性。其核心是模仿人类的渐进式思维,而非直接输出最终答案。

表 2-1 基础提示与 CoT 提示对比

基础提示与 CoT 提示对比		
提示类型	输入示例	AI 输出
基础提示	3 的 4 次方是多少?	81
CoT 提示	请一步步计算 3 的 4 次方。	$3\times3=9;9\times3=27;27\times3=81$

链式思考提示有如下特点。

(1) 有序性:要求将问题分解为一系列有序的步骤,每个步骤都建立在前一个步骤的基础上,形成一条清晰的思考链条。

(2) 关联性:每个步骤之间必须存在紧密的逻辑联系,以确保整个思考过程的连贯性和一致性。

(3) 逐步推理：模型在每个步骤中只关注当前的问题和相关信息，通过逐步推理的方式逐步逼近最终答案。

CoT 提示对多步骤推理问题、受益于中间解释的任务，或只用简单的标准提示技术不足以完成的任务来说是一种有用的技术。

CoT 提示适用场景：

(1) 数学/逻辑问题；

(2) 因果分析(如"为什么天空是蓝色的？")；

(3) 多条件决策(如"根据预算和需求推荐笔记本电脑")。

CoT 提示进阶技巧：

(1) 多链协同：将复杂问题拆分为多个子问题，分别进行链式思考后整合。例如：规划一次苏州三日游。步骤一，第一天适合去哪些景点？为什么？步骤二，第二天如何安排美食和交通？步骤三，第三天预算如何分配？

(2) 错误修正引导：若 AI 某步出错，可要求其重新检查特定步骤。例如：你之前的第二步计算有误，请重新核对"降价后的价格"部分。

(3) 结合角色扮演：让 AI 以专家身份分步解答。例如：你是一名数学老师，请用学生易于理解的方式讲解一元二次方程的求解步骤。

链式思考为什么有效？

降低思维跳跃：强制分解问题，减少"直觉性错误"。

透明化过程：方便用户定位，纠正 AI 的推理漏洞。

模仿人类学习：分步解释更适合教育、咨询等场景。

我们以一个问题为例：一个房间有 3 个开关，门外对应 3 盏灯(不可见)，如何只进房间一次就确定哪个开关控制哪盏灯？

> **链式思考提示**
>
> 请按以下步骤推理：
>
> 首先打开第一个开关 30 分钟，然后关闭。
>
> 立即打开第二个开关，进入房间。
>
> 亮着的灯对应第二个开关，发热但关闭的灯对应第一个开关，剩下的对应第三个开关。

5. 生成知识提示

生成知识提示是一种强调知识生成的方法,通过构建特定的提示语句,引导模型从已有的知识库中提取、整合并生成新的、有用的知识或信息,其特点如下。

(1) 创新性:旨在产生新的、原创性的知识或内容,而非简单地复述或重组已有信息。

(2) 引导性:通过精心设计的提示语句,引导模型去探索、发现新知识,并与已有知识进行交互,从而生成新的见解或信息。

(3) 知识整合:对多个来源、多种类型的知识进行融合,以形成更全面、深入的理解。

6. 少样本提示

考虑一个使用 LLM 来完成的任务:按内容中表达的情绪对客户评论进行分类。当 LLM 通过提示接受一项任务时,如果模型以前没有见过该任务的数据,这种情况称为零样本提示。这里的任务是零样本分类任务,即用户向 LLM 发出对电影评论进行分类的说明。

不过,在针对文本的各种语言任务中,我们几乎总能通过一些示例或者"少样本提示"来提高性能。在这个案例中,少样本提示方法一开始的做法可能和零样本提示是一样的,但会附加几个期望的输出示例。针对文本的语言任务,通过一些示例可以提高性能,这种称为少样本提示。

事实上,提供示例可以显著提高模型完成任务的能力。与其他机器学习模型不同,LLM 能够执行他们尚未训练过的各种任务。但是每种方法都有其局限性。虽然少样本提示对于许多任务来说是一种有效的技术,但在解决更复杂的推理任务时,它往往力不从心。

二、提示工程

提示工程从根本上说是不断做实验改变提示内容,以了解提示的变化对模型生成内容的影响,因此不需要高级的技术背景,只须一点好奇心和创造力即可。此外,每个使用大语言模型的用户都可以而且应当成为一名提示工程师。最基本的原因是:提示工程将为大语言模型的输出带来更好的结果,即使只使用了一些基本技术,也可以显著提升许多常见任务的性能。

由于提示工程的效果很大程度上取决于模型的原始学习水平,所以它可能无法始终为你提供需要的最新或最具体的信息。当你处理的是一般性主题,或者你只需要一个快速答案,而不需要太多细节时,提示工程最为合适。

1. 提示工程的定义

提示工程是一种策略,它关注提示词的开发和优化,用于引导大语言模型生成高质量的、符合预期的输出,帮助用户将大语言模型用于各种应用场景和研究领域中。随着人工智能参数数量的剧增和功能的日益强大,如何有效地与这些模型交互以获取有用的信息或创造性的内容变得尤为重要。

(1) 设计有效提示:这是指构造问题或指令的方式,目的是最大化模型的响应质量,涉及选择合适的词、句式结构,甚至创造上下文环境,以激发模型展示其最佳性能。比如,通过构建问题——回答对,精心设计的提示可以引导模型输出特定类型的内容,如创意文本、代码、专业建议等。

(2) 领域知识嵌入:为了提高模型在特定领域(如化学、生物学或法律)的表现,提示工程可能会融入该领域的专业知识。这有助于模型更好地理解和生成与该领域相关的高质量内容。

(3) 提示优化与迭代:通过不同的提示策略,评估模型输出质量,并据此调整提示,以达到最优效果。这可能包括 A/B 测试、迭代改进以及使用自动化工具来寻找最有效的提示形式。

(4) 减少偏见与提高一致性:由于大语言模型可能加载训练数据中的偏见,提示工程致力于设计减少偏见的提示,并确保模型输出的一致性和可预测性。这可能涉及制定公平性原则,以及使用特定的提示来测试和校正模型的偏见。

(5) 利用提示模板和示例:开发一套提示模板和示例,作为引导模型输出的起点。这些模板可以根据不同的应用场景进行定制,帮助用户快速上手并获得期望的结果。

(6) 模型交互界面设计:为了让非技术人员也能高效使用大语言模型,提示工程还包括设计直观易用的用户界面,让用户能够轻松输入提示、调整设置并查看模型的响应。

大语言模型的提示工程是一个涉及语言学、心理学、计算机科学以及产品设计等多个领域的综合工具,其目的是通过巧妙设计的输入,最大限度地发挥大语言模型的潜能,同时确保输出内容的质量、一致性和道德性。

2. 提示工程的主要优点

(1) 易于使用:不需要高级技术技能,因此适用于广大受众。

(2) 成本低:由于它使用预先训练好的模型,相比微调工程,所涉及的计算成本极低。

(3) 灵活性高:用户可以快速调整提示以探索各种输出,无须重新训练模型。

3. 提示工程的主要缺点

(1) 不一致：模型响应的质量和相关性可能因提示的措辞而有很大差异。

(2) 有限的定制能力：定制模型响应的能力受限于用户制作有效提示的创造力和技巧。

(3) 依赖模型知识：输出局限于模型在初始训练期间学到的内容，这使得它对高度专业化或最新的信息需求来说效果不佳。

三、提示词分类

提示词是我们与 AI 沟通的关键，AI 提示词也有不同的"类型"，了解这些类型，能帮助我们更好地使用 AI。

1. 按指令类型分类

提问式提示词：就像你在问问题一样，目的是获取信息或者知识。AI 会尽力给你答案。例如："什么是国家安全？""苏州今天天气怎么样？"。

生成式提示词：你的目标是让 AI 帮你创作内容。AI 会生成文本、代码、图片等。例如："写一首关于秋天的诗歌""为我的产品写一段广告语"。

指令式提示词：就像你在下命令，让 AI 执行特定任务。例如："把这段英文翻译成中文""总结这篇文章"。

总结式提示词：目标是让 AI 对现有内容进行归纳总结，例如"总结这篇新闻稿的要点""概括这本书的核心思想"。

2. 按复杂度分类

简单提示词：就是直接、清晰的指令。简单明了，容易操作。例如："写一篇 100 字的短文""把这段文字翻译成法语"。

复杂提示词：包含多重条件、约束，或者需要更深入理解的指令。需要 AI 进行更复杂的思考和处理。例如："写一篇关于气候变化的科幻小说，主角是一个能控制风的科学家，字数在 1 500 字左右，要有一定的悬念"。

3. 按应用场景和目的分类

按照应用场景和目的的不同，提示词可以分为以下两大类。

任务型提示词：直接描述了需要 AI 完成的具体任务，如"请写一篇关于春天的诗歌""请翻译以下英文段落"等。这类提示词通常包含明确的指令和目标，AI 会根据提示词中的关键信息,在知识库中检索、组合并生成相应的内容。任务型提示词的优势在于目的性强,可以相对容易地引导 AI 生成符合预期的输出。但其局限性也比较明显,即过于依赖提示词本身的质量,缺乏灵活性和创造力。

角色扮演型提示词:与任务型提示词不同,角色扮演型提示词并不直接描述任务,而是通过设定一个虚拟的角色或场景让 AI 代入其中进行创作。例如"假设你是一位中世纪的吟游诗人,请创作一首歌颂骑士精神的诗歌"。这类提示词给予 AI 更大的想象空间和创作自由,有助于生成更加新颖、有趣的内容。同时,通过角色扮演 AI 可以从不同视角思考问题,提供多元化的观点和见解。

4. 按提示主体分类

提示词还可以分为系统提示和用户提示两大类。

(1) 系统提示:人工智能模型内部使用的提示,通常用于指导模型如何执行特定任务。这种系统提示可以确保人工智能在与不同用户交互时保持一致的语气和结构,提升用户体验。这些提示通常由人工智能开发者或者工程师预先设计,用来规范和优化人工智能的工作方式。

系统提示具有以下特点。

预定义:系统提示通常在模型训练或部署时就已经设定好,用户无法直接修改。

广泛适用:系统提示适用于多种任务,帮助人工智能在不同场景下的表现保持一致。

行为规范:系统提示可以设定人工智能的语气、风格和具体行为规范,确保输出的稳定性和质量。

例如,设定输出格式:生成的回答包含引言、主要内容和总结。

(2) 用户提示:由终端用户输入具体指令或问题,用来引导人工智能生成特定的回答。通过用户提示,用户可以精准地控制人工智能的输出,使其更符合个人需求和特定情境。用户提示的灵活性和多样性使得它们能够针对具体需求进行定制,其特点如下。

灵活多变:用户可以根据具体需求和场景随时修改提示词。

具体性强:用户提示通常针对特定问题或任务,提供详细的背景信息和要求。

直接交互:用户提示是用户与人工智能系统互动的直接方式,决定了人工智能生成内容的具体方向和质量。

例如,询问具体信息:"你能详细介绍一下人工智能在医疗领域的应用吗?"要求特定格式:"请用 500 字解释气候变化的原因、影响和应对措施。"

四、提示技巧

在与人工智能对话过程中,能够决定对话质量的,除了人工智能模型本身的能力,还有用户的提示技巧。运用好的技巧能够得到更高质量的回答。

首先,我们了解一些常用的提示词框架。这些框架不仅能帮助我们更好地组织和表达需求,还能大大提高人工智能对话的质量。

1. ICIO 框架

ICIO 框架指的是:指令(instruction)、背景信息(context)、输入数据(input data)、输出引导(output indicator)。

(1)指令:框架的核心,用于明确人工智能需执行的任务。编写的指令应简明扼要,确保人工智能可以准确把握任务要求及目标。

(2)背景信息:包括任务背景、目的、受众、范围、扮演角色等,有助于人工智能理解任务并生成响应。

(3)输入数据:告知模型需要处理的数据,若任务无须特定的输入数据,则可省略。

(4)输出引导:告知模型输出结果的类型或风格等,如指定所需语气(正式、随意、信息性、说服性等)、定义格式或结构(如论文、要点、大纲、对话)、指定约束条件(如字数或字符数限制)、要求包含引用或来源以支持信息等。

2. CO-STAR 框架

CO-STAR 框架指的是上下文(context)、目标(objective)、风格(style)、语气(tone)、受众(audience)、回复(response)。

(1)上下文:提供任务的上下文信息,帮助大语言模型了解正在讨论的具体情景,确保其答复具有相关性。

(2)目标:明确希望大语言模型执行的任务,帮助 LLM 将回答的重点放在实现这一具体目标上。

(3)风格:指定希望大语言模型使用的写作风格,可以是鲁迅、矛盾等某个名人的写作风格,也可以是某个行业专家(如行业分析专家或首席执行官)的写作风格。

(4)语气:确定回复的语气,如正式的、幽默的、具有说服力的等,可确保大语言模型的回复与所需的情感或情绪背景相符。

(5)受众:确定回复的对象,根据受众(如初学者、儿童等)量身定制大语言模型的回复,确保其在所需的语境中是恰当的且易于理解。

(6) 回复:明确回复格式,确保大语言模型按照下游任务所需的准确格式输出,如列表、专业报告等。

3. CRISPE 框架

CRISPE 框架指的是能力(capacity)、角色(role)、见解(insight)、声明(statement)、个性(personality)和实验(experiment)。

(1) 能力和角色:指示大语言模型应扮演什么角色,具备什么能力。

(2) 见解:提供请求的背后见解、背景和上下文。

(3) 声明:要求大语言模型执行的任务。

(4) 个性:指定希望大语言模型采用的风格、个性或回应方式。

(5) 实验:请求大语言模型生成多个回复示例。

活动一 | 学会使用提示词

活动描述

恰逢某学院二十周年校庆,通过撰写一个学校好评文案来训练提示技巧。

组织学生以"撰写学校好评文案"为主题组织提示技巧活动,可以通过不同模型来撰写文案,通过追问和优化的方式获得自己需要的文案,文案完成后,小组内整理评比,制作一份文案提问过程的 PPT,展示提示技巧。最后,在班级内进行文案展示和提示技巧分析。

活动分析

选择不同模型训练提示技巧撰写文案的过程,不仅能了解不同模型的特点,还能培养信息筛选能力。

活动步骤

1. 教师发布文案撰写任务,明确主题。
2. 学生分组选择模型,撰写提示词完成文案撰写,选择小组内认同的文案。
3. 小组成员共同设计展示材料,讲解文案和提示技巧的运用过程,并进行组间评价。

同步实训

假如你是某产品销售主管,需要完成一份产品的销售报告,请使用 AI 追问的方式获取有用的信息,完成销售报告的撰写。同时,设计一份提示词记录表,将提问和追问的提示词记录在表中。

活动二 | 训练提示技巧

活动描述

本活动旨在帮助学生掌握与 AI 工具(如 DeepSeek、通义千问等)高效对话的技巧,同时激发创造力。活动适用于线上、线下场景,可灵活调整。通过参与活动,参与者不仅能提升 AI 协作能力,还能在互动中养成"结构化提问"的思维习惯。

活动目标

1. 理解提示词(prompt)的核心要素与设计逻辑。
2. 通过实践提升生成式 AI 工具的交互效率。
3. 培养跨场景应用能力(如写作、设计、数据分析等)。

活动分析

本活动旨在帮助学生掌握 AI 工具的基础操作与进阶使用技巧,提升提示词撰写能力,同时学会将 AI 技术与内容创作、创意设计等实践任务结合,进而深化对提示词运用逻辑的理解,助力参与者在实践中更高效地运用 AI 工具完成学习任务。

活动步骤

1. 破冰环节:AI 互动初体验

活动:每人用手机/电脑向 AI 提问一个问题(如"推荐一本适合秋天的书"),截图分享结果,对比回答差异。

目的:直观感受不同提问方式对 AI 输出的影响。

2. 知识讲解:提示词设计要素

从核心框架、角色定义、任务描述、约束条件、优化技巧等方面进行讲解。

3. 分组实践:提示词优化挑战赛

任务发布:每组抽取一个场景卡片(如"为健身 App 撰写广告文案""生成一幅赛博朋克风格插画")。

初稿撰写:根据场景设计初始提示词,记录结果。

迭代优化:根据 AI 反馈调整提示词,至少优化三个版本,标注改进点(如添加角色、细化风格)。

成果提交:整理提示词迭代路径与最终输出。

4. 展示与点评:提示词设计思维可视化

形式:每组展示最优提示词及输出结果,其他组从清晰度、创意性、实用性三个维度打分。

教师点评:聚焦常见误区,如过度复杂化、忽略约束条件。

5. 自由创作:跨界应用挑战

任务:根据个人兴趣设计一个解决实际问题的提示词,如"用 AI 规划周末旅行路线""生成数据分析报告模板"。

彩蛋规则:鼓励融合多模态(如文字+图片提示词),最佳方案授予"创意之星"称号。

6. 总结

组内小结:结合教师总结进行活动总结。

同步实训

开展每周主题挑战,如"用 AI 生成一首诗词""设计未来城市交通方案"。

项目三

用人工智能处理文字

在数字化浪潮席卷全球的当下,文字处理能力已然成为日常学习与工作中不可或缺的核心技能。无论是撰写学术论文、起草工作报告,还是进行商务沟通、社交媒体互动,精准、高效的文字表达都是展现个人专业素养与思维能力的关键。而人工智能技术的迅猛发展,为文字处理领域带来了前所未有的变革,极大地提升了文字处理的效率与质量,让我们能够享受到更加智能、便捷的全新体验。本项目正是顺应这一时代趋势,聚焦人工智能在文字处理领域的实际应用,通过一系列精心设计的实践活动,帮助同学们掌握并熟练运用 AI 工具,轻松应对多样化的文字处理任务。从撰写富有创意的校园宣传文案、构建条理清晰的实践报告大纲,到起草正式得体的商务邮件、制作生动专业的汇报 PPT,每一个环节都紧密贴合真实场景,让大家在亲自动手操作 AI 工具的过程中,深刻感受其强大的智能辅助功能。在这个过程中,不仅能够显著提升自己的文字处理技能,还能深入了解 AI 技术的原理与应用,实现技能与知识的双重飞跃。这种双重飞跃,无疑将为未来的学习与职业发展奠定坚实的基础,在未来的道路上更加自信从容、游刃有余。

项目三　用人工智能处理文字

任务一　助力文本内容创意设计

任务情境

学校宣传部近期承担着撰写校园新闻宣传稿的重要任务,此次需报道学校近期成功举办的科技节活动。宣传部的同学们深知,一篇出色的宣传稿不仅要传递信息,更要吸引读者的目光,生动展现活动的精彩瞬间与独特亮点。然而,在构思文案的过程中,他们遭遇了不小的挑战,灵感仿佛被无形的手紧紧束缚,难以将科技节的丰富内涵与活力四射的现场氛围全面且生动地呈现出来。此时,借助人工智能工具这一创新手段,或许能为他们打开新思路,助力优化宣传稿内容,让科技节的魅力跃然纸上。

任务目标

1. 工具实操:熟练掌握至少一款 AI 文字辅助工具的基本操作,包括指令输入、功能选择以及结果导出,并能够在不同场景下灵活运用。

2. 内容优化:通过对 AI 输出内容筛选、整合与修改,将给定文本在语言流畅性、感染力和逻辑性上提升一个档次,突出文本核心主题与关键信息。

3. 大纲构建:借助 AI 生成特定主题的文字大纲,确保大纲的结构合理、层次分明,并能根据实际需求对大纲进行优化调整。

知识准备

一、常见 AI 文字辅助工具介绍

界面与功能:以 DeepSeek、文心一言、豆包为例,详细介绍其操作界面,包括对话窗口、功能按钮等,同时阐述各工具在文本生成、润色、翻译等方面的功能特点与适用场景。

注册与使用：讲解如何注册账号，以及在使用过程中需注意的事项，如字符限制、使用频率限制等。

1. DeepSeek：交互便捷，功能多元强大

（1）操作界面

DeepSeek 拥有网页版和手机 App 两种使用方式，满足用户在不同场景下的需求。

网页版：登录 DeepSeek 官网，进入注册页面，如图 3-1 所示，注册成功后，映入眼帘的是简洁的操作界面，如图 3-2 所示。用户在对话框中输入指令，DeepSeek 便能迅速给出回答。

图 3-1　DeepSeek 网页版注册页面

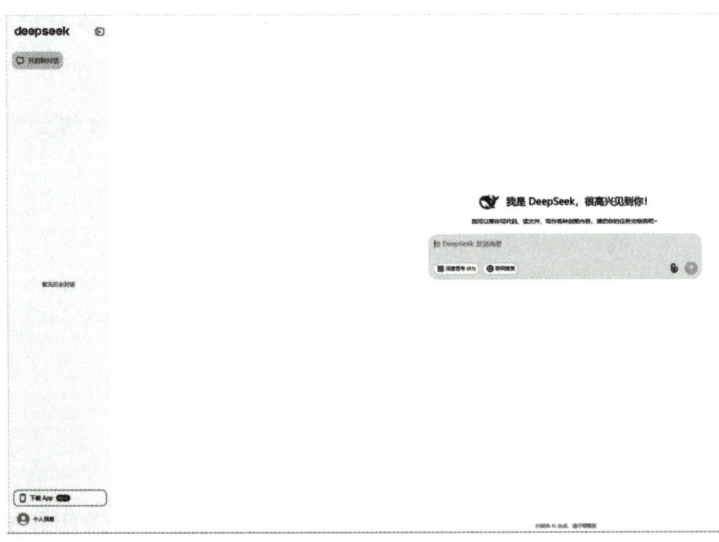

图 3-2　DeepSeek 网页版操作界面

手机端:下载安装 DeepSeek App,通过手机号验证登录后,如图 3-3 所示,即可使用,如图 3-4 所示。手机端界面与网页版相似,操作同样便捷。此外,手机端右下角设有"+"按钮,点击后可使用"拍照识文字""图片识文字"等功能,还能上传文件,极大地提升了信息输入的灵活性。

图 3-3　DeepSeek 手机端注册页面　　图 3-4　DeepSeek 手机端操作界面

(2) DeepSeek 的三种使用模式

DeepSeek 提供三种使用模式,用户可根据自身需求进行选择。

① 基础模型(V3):打开 DeepSeek 后的默认模式,无须点击"深度思考"或"联网搜索"。该模型知识库更新至 2024 年 7 月,适用于日常对话、知识问答、方案创作等场景,具有知识面广、响应速度快的特点,能满足大多数日常使用需求。

② 深度思考模型(R1):点击"深度思考"即可选择该模式。它适用于复杂推理、代码开发、数学问题等场景,逻辑性强、思维链完整,但响应速度相对较慢,适合处理需要深度分析思考的问题。

③ 联网搜索模式：点击"联网搜索"后启用该模式，它适用于查询最新信息、实时数据等场景，尤其是需要获取 2024 年 7 月后的信息时。需注意，该模式不建议与深度思考模型（R1）同时使用。

（3）功能特点与适用场景

① 文本生成：DeepSeek 文本生成速度相比前代产品提升了 300%，内存占用减少 40%，实现了"所思即所得"的创作体验。在内容创作与媒体领域，内容营销公司可借助 DeepSeek 自动生成高质量文章、博客；新闻媒体行业能利用它自动生成新闻摘要，方便用户快速了解新闻内容。当用户输入"环保主题的短视频脚本"需求时，系统能在 3 秒内提供包含分镜设计、台词对白、传播策略的完整方案。飞书多维表格 AI 字段捷径已支持接入 DeepSeek R1 模型，帮助用户批量调用 DeepSeek 模型完成创作、推理等任务。

② 文本润色：DeepSeek 在论文润色方面优势显著。其基于大规模中文语料训练，拥有强大的中文理解能力，对学术论文中的长句、复杂句能进行精准的语法分析和语义理解，有效识别并优化中式英语、语法错误和逻辑不通的表述。DeepSeek 的训练数据覆盖多个学科领域，在学术术语、专业表达上更具连贯性和说服力。它不仅限于字面润色，还能分析段落逻辑，梳理句与句、段与段之间的衔接关系和逻辑顺序，让论文更具连贯性和说服力。此外，它能使润色后的句子更贴合英文或中文母语者的写作风格，智能识别冗余、啰嗦的表述，简化和精炼句子，提升可读性的同时保持学术正式感，还能根据目标期刊风格或学科特点定制润色风格。DeepSeek 还具备术语精准校准功能，内置学科专用词库，可自动匹配领域标准术语并标注争议用词替代方案；通过因果链分析检测论证断点，可视化展示证据链缺失环节。

③ 翻译：DeepSeek 的多语言处理内核采用独特的"动态语义场"技术，支持 28 种语言的实时互译。不同于传统逐词替换的翻译方式，该系统能完整保留原文的修辞手法和文化隐喻，为用户提供高质量的翻译服务。

2. 文心一言：功能全面，专业性强

（1）操作界面

用户可通过浏览器直接登录文心一言主页，其操作界面如图 3-5 所示。手机用户也可下载文小言 App 并登录，打开应用后首先看到的主界面包含输入框、语音输入麦克风图标等，如图 3-6 所示。用户既可以在输入框内直接输入文字，提出问题或需求，也可以点击麦克风图标，通过语音输入提出问题，文心一言支持多种语言和方言的语音识别。

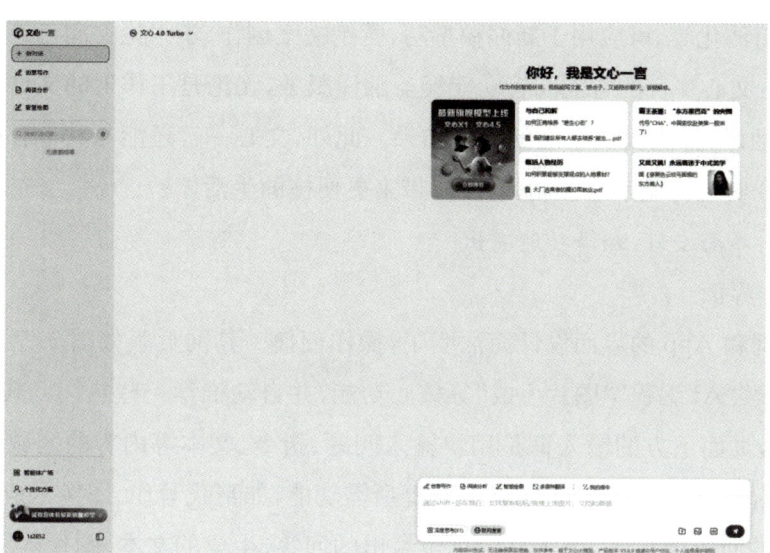

图 3-5 文心一言网页版

此外，主界面还提供多个不同场景和领域的选项，如教育、娱乐、社交、营销等，用户可根据自身兴趣和需求进行选择。每条回复下方设有五星评分系统和反馈按钮，方便用户对文心一言的回复和交互进行评价和反馈。

（2）功能特点与适用场景

① 文本生成：文心一言能够依据用户的需求和喜好，创作小说、诗歌、广告、论文等各种形式的内容。在创作过程中，用户可输入关键词、主题或段落结构等信息，还能调整文本长度、生成速度等参数。文心一言会实时对用户的文本进行校对，并给出修改建议。此外，文心一言提供多种创作模板，帮助用户快速搭建文章框架。

② 文本润色：文心一言指令的润色功能强大，它借助先进的自然语言处理技术，对输入文本进行分析、理解和修改，提升文本的可读性、准确性和情感表达。该功能支持多种润色指令，包括纠错、优化、润

图 3-6 文心一言手机端

色、生动化、简洁化等,可应用于新闻稿撰写、营销文案创作、学术论文润色等多个场景。

③ 翻译:文心一言的智能问答功能涵盖翻译服务,无论是工作上的文件翻译,还是生活中的交流翻译,都能提供精准的翻译结果。此外,文心一言还能与其他智能设备互联,通过语音指令实现智能家居控制,为用户带来更便捷的生活体验。

3. 豆包:界面友好,翻译功能突出

(1) 操作界面

豆包官网和 App 的界面设计简洁明了,操作便捷。其网页版如图 3-7 所示,页面左侧有"AI 搜索""AI 编程""图片生成"等核心功能,并自动推荐一些热词。其 App 界面如图 3-8 所示,页面下方的输入框是用户输入问题、指令、文本等内容的区域,用户可通过"/"快捷键,召唤出常用技能列表,快速选择所需功能,如帮我写作、图像生成、AI 阅读等。输入框上方的回复展示区,用于显示豆包给出的回答、生成的文本、图片等结果。对于搜索类结果,用户可自由决定是否缩放或展示搜索来源,还能使用深度搜索和追问提示,更好地获取和挖掘信息。在对话界面,用户点击"智能体"选项,可选择不同的智能体进行交互;点击右上角的更多选项,可方便地清除当前对话记录。

图 3-7 豆包网页版

(2) 功能特点与适用场景

① 文本生成:豆包内置多种智能体,如"全能写作助手",用户选择相应智能体后,只需给出明确的创作要求,豆包就能生成各类文案。无论是文案创作新手,还是需要快速产

出内容的创作者,都能借助豆包提升创作效率。

② 文本润色:用户在使用写作功能时,豆包会在一定程度上优化文本表述。虽然没有专门的润色指令,但可以根据用户输入的内容,给出逻辑更清晰、表达更准确的文本建议。

③ 翻译:豆包的翻译功能堪称一大亮点,支持文本、语音、文档、网页等多种形式的翻译,且支持全球众多主流语言和小众语言。无论是出国旅游时的实时语音翻译,还是翻译专业领域的文档,豆包都能快速准确地完成任务,凭借操作便捷、翻译准确的优势,它已成为人们生活和学习中的得力语言助手。

DeepSeek、文心一言和豆包在操作界面、功能特性上各有千秋。用户在选择时,可根据自身需求和使用场景,挑选最适合的 AI 文字辅助工具,充分发挥它们的优势,为工作和生活赋能。

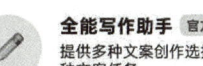

图 3-8　豆包手机端

二、AI 指令撰写技巧

1. 指令结构:学习指令的基本结构,包括任务描述、限定条件和期望效果。

(1) 内容创作类

写一篇关于"环保生活方式"的 800 字议论文,要求观点明确,论据充分。

创作一篇以"神秘森林冒险"为主题的短篇小说,字数在 1 500 字左右,情节跌宕起伏。

生成一段 300 字左右的产品推广文案,产品为智能手表,突出其健康监测和便捷通讯功能。

(2) 翻译类

将"我喜欢在闲暇时光阅读书籍和听音乐。"翻译成英文。

把以下英文句子"I wish our motherland will become better and better."翻译成中文。

（3）摘要总结类

对下面这篇新闻报道进行摘编，字数控制在200字以内。（附上新闻报道原文）

请总结以下学术论文的主要观点，不超过300字。（提供学术论文内容）

（4）对话模拟类

模拟一段顾客和餐厅服务员之间的对话，围绕顾客点餐和服务员推荐菜品展开，对话长度为8～10轮。

扮演一位心理咨询师，与一位因工作压力大而感到焦虑的来访者进行对话，给出合理的建议和疏导，对话长度约15轮。

（5）知识问答类

解释一下"量子纠缠"的概念。

回答"人工智能在医疗领域有哪些具体的应用？"，字数在500字左右。

（6）改写类

将以下这段文字改写成更生动形象、富有文采的描述，字数可适当增加。（提供要改写的文字）

把这篇记叙文改写成第一人称视角，保持主要情节不变。（给出记叙文原文）

（7）创意写作类

以"时光倒流"为主题，创作一首现代诗歌，字数不限，形式自由。

为一款新推出的儿童益智玩具设计一段有趣的广告语，吸引家长和孩子的注意，不超过50字。

2. 关键词运用：掌握如何在指令中运用准确的关键词，引导AI生成符合要求的内容，避免指令模糊导致结果偏差。

（1）主题与领域相关关键词

明确规定生成内容的主题或所属领域，让AI聚焦特定方向。如"科技""历史""医学""教育""环保""人工智能""文学""艺术"等。

（2）内容类型关键词

指定生成文本的具体类型，使AI生成的内容符合相应的格式和风格要求。像"论文""报告""新闻""小说""诗歌""散文""文案""演讲稿""说明书"等。

（3）风格特点关键词

描述期望的文本风格，帮助AI塑造出符合要求的语言特色。例如"正式""口语化""幽默""严肃""生动""简洁""华丽""朴实"等。

(4)内容细节与要求关键词

限定范围:"具体""详细""简要""概括""全面"等,用于明确内容的详细程度和涵盖范围。

规定数量:如"800字左右""1 000~1 500字""3~5段""不少于500字"等,精准控制生成文本的篇幅。

突出重点:"强调""着重""突出"等,让AI明白需要着重阐述的部分,如"强调产品的创新功能"。

明确方向:"分析""解释""对比""评价""建议""预测"等,引导AI进行特定的思维和表述,比如"分析一下市场竞争态势"。

(5)特定元素关键词

如果希望生成的内容包含特定的人物、事件、地点、数据等元素,可以明确给出相关关键词。比如"以李白为例""在2020年发生的事件""关于北京的景点""根据最新统计数据"等。

(6)逻辑关系关键词

使生成的内容逻辑清晰、层次分明。如"首先""其次""然后""最后""因为""所以""然而""同时""另外"等。

三、文本评估标准

语言维度:从词汇丰富度、语法正确性、句子多样性等方面判断文本的语言质量。

内容维度:检查文本是否围绕主题展开,信息是否准确、完整,有无逻辑矛盾。

风格维度:评估文本风格是否符合特定场景要求,如校园新闻稿应客观、真实且具有吸引力。

活动一 | 优化校园新闻宣传

 活动描述

本次活动聚焦校园新闻宣传的精细化升级,以科技节为主题开展深度创作实践。参与者将获得一份初步成型的宣传稿件,需借助 AI 智能工具进行多维度优化:从语言风格的凝练提升到修辞手法的精准运用,从科技元素的具象化呈现到互动亮点的场景化表达,通过智能算法赋能文字创作,让传统宣传文案焕发新生。活动重点在于通过 AI 辅助实现"科技感"与"人文温度"的有机融合,打造兼具视觉冲击力与情感共鸣力的校园新闻传播范本,让科技节的创新魅力以更鲜活的姿态跃然纸上。

💡 活动分析

在校园新闻宣传工作中,宣传稿扮演着至关重要的角色,它不仅是信息传递的桥梁,更是激发师生参与热情、塑造校园文化形象的关键载体。然而,初步撰写的宣传稿往往存在语言平淡、重点模糊等共性问题,难以在海量信息中脱颖而出,吸引目标受众的注意力。为此,引入 AI 技术进行文案优化成为一种创新且高效的解决方案。AI 在优化校园新闻宣传稿方面展现出三大显著优势。首先,它能够显著提升语言的丰富度与表现力,通过智能替换单调词汇、巧妙运用比喻、拟人等修辞手法,使文字更加生动鲜活,增强读者的阅读体验。其次,AI 擅长挖掘活动亮点,通过深度分析文本内容,精准提炼出活动的独特价值与创新点,确保宣传信息能够直击人心,激发受众的兴趣。最后,AI 还能优化文章结构,通过智能调整段落布局、逻辑顺序,使宣传稿层次更加分明,信息传递更加高效。

值得注意的是,AI 虽强大,但并非万能。在使用 AI 进行文案优化时,需具备清晰的优化目标与要求,确保 AI 能够准确理解并执行。同时,对于 AI 生成的内容,应保持批判性思维,并进行细致的筛选与修改,避免盲目照搬,确保宣传稿既保留 AI 的智能优势,又融入人类的创意与情感,实现真实性与吸引力的完美融合。

✺ 活动步骤

1. 深度剖析现有文案

通读全文,精准标注:以严谨的态度逐字逐句研读给定的科技节宣传稿,不放过任何一个细节。使用不同颜色的标记笔或电子标注工具,将文中涉及活动内容、独特亮点以及核心宣传目的的关键语句清晰标注出来,为后续分析奠定坚实基础。

全面诊断,精准定位:从语言表达的丰富度、内容结构的合理性、亮点突出的显著性等多个维度对文案进行细致剖析。仔细排查是否存在词汇频繁重复、句子结构冗长拖沓、逻辑层次混乱不清等问题,并将优化的具体要求逐一列出,形成清晰的问题清单。

2. 精心挑选 AI 工具

全面评估,按需选择:对市面上常见的 AI 文字辅助工具进行系统回顾,深入了解各工具的特点和优势。结合自身实际需求以及对工具的熟悉程度,综合考量后选择一款最适合的工具。例如,若需要生成富有创意的文案,可选择在创意文案生成方面表现出色的"豆包"等工具。

顺利登录,做好准备:打开所选工具的官方网站或下载应用程序,按照提示完成账号注册并登录平台,为后续的文案优化工作做好充分准备。

3. 清晰撰写优化指令

明确方向,精准表述:基于对现有文案的深入分析,精准确定优化方向。例如,可以提出具体要求:"请为这篇科技节宣传稿中平铺直叙的表述增加比喻、拟人等修辞手法,着重突出3D打印、机器人竞赛等亮点活动,使文案更加生动形象,同时将字数控制在800字左右。"

反复检查,确保无误:在输入指令之前,再次对指令内容进行仔细检查,确保指令清晰明确、具体详细,避免因表述不清而产生歧义,影响优化效果。

4. 获取并精心筛选结果

仔细查看,分析改进:提交指令后,耐心等待AI生成优化文案。在获取文案后,逐字逐句仔细阅读,深入分析其在语言表达、内容结构、亮点突出等方面的改进之处,评估优化效果是否达到预期。

筛选整合,取长补短:从AI生成的优化文案中精心挑选出具有参考价值的部分,如新颖独特的词汇、生动形象的表述方式、合理严谨的结构框架等。将这些优质内容与原文案进行有机整合,充分发挥两者的优势。

5. 进行二次优化

全面检查,确保连贯:对融合后的文案进行全面通读,从整体上检查内容是否连贯流畅,有无信息遗漏或逻辑错误。如发现问题,及时进行补充和完善,确保文案的完整性和逻辑性。

细节调整,符合风格:对文案中的语句进行细致入微的调整,确保语言自然流畅、通顺易懂,同时符合校园新闻宣传稿的风格要求,使文案兼具吸引力和权威性。

同步实训

选择另一项校园活动,如运动会、文艺汇演等,运用所学方法,借助AI工具对宣传文案进行优化。通过实际操作,进一步巩固所学知识,提高文案优化能力。

活动二 | 生成校园实践报告大纲

活动描述

同学们投身到了一场意义非凡的校园环保实践活动之中,活动结束后,他们需要撰写一份详尽的实践报告。此时,不少同学都犯了难,感觉毫无头绪,不知从何处着手。为此,本次活动特别提出了借助 AI 工具来助力同学们完成这一任务。同学们需运用 AI 工具的强大功能,生成一份既符合报告规范,又具备清晰逻辑结构的校园实践报告大纲,为后续的报告撰写奠定坚实基础。

活动分析

一份优质的实践报告大纲应当全面且精准地涵盖活动背景、目的阐述、过程记录、结果呈现以及结论总结等关键部分,确保报告内容完整、逻辑连贯。只要向 AI 准确详细地输入活动信息,AI 就能迅速启动其深度学习算法和庞大的知识库,对输入的信息进行全面分析和理解。生成大纲时,注意合理使用指令,引导 AI 依据不同类型实践报告的通用结构和规范,结合活动特点,构建出层次分明、逻辑严谨的大纲框架,并合理规划各部分内容的篇幅和顺序,确保活动背景清晰交代活动的缘起和意义;目的阐述明确具体且具有可衡量性;过程记录详细且有条理;结果呈现客观准确;结论总结深刻且有启发性。

在生成的大纲基础上,若同学们进一步要求 AI 生成报告的具体内容,AI 会根据大纲框架,运用自然语言处理技术,将活动信息转化为生动、准确、流畅的文字。它会运用恰当的词汇和句式,使报告内容既符合学术规范,又具有可读性。同时,AI 还会对内容进行语法检查和逻辑校验,确保报告内容无误。但需要注意的是,AI 生成的大纲和内容只是基于一般性的规则和模式,可能并不完全贴合具体活动的实际情况。因此,同学们在使用 AI 工具时,需仔细审核生成的内容,结合活动的真实情况,对大纲和内容进行细致的调整和完善,使其能够精准反映活动的特点和亮点,为后续撰写高质量的实践报告奠定坚实基础。

活动步骤

1. 整理活动信息

全面回顾活动过程:运用回忆梳理、查阅活动记录、现场照片及视频资料等多种方式,对校园环保实践活动的全过程进行系统梳理,包括活动发起的初衷,即为何要开展此次环保活动;参与活动的人员构成,包括学生、老师、志愿者等;活动开展的具体时间与地点;活动过程中的每一个环节,如垃圾分类宣传的形式(举办讲座、发放宣传手册、设置宣传展板等)、校园环境清理的具体区域和任务分配;活动取得的显著成果,例如同学们环保意识的提升程度(可通过问卷调查数据体现)、校园环境改善的具体表现(如垃圾减少量、绿化面积增加等);以及在活动过程中遇到的问题,如部分同学参与积极性不高、宣传资料准备不足等。

精准分类整理信息:将梳理好的活动信息,按照活动背景、目的、过程、结果、结论等类别进行细致分类。可以采用电子表格或文档的形式,将不同类别的信息分别记录,确保信息条理清晰、一目了然,为后续撰写报告大纲提供坚实的数据基础。

2. 精心选择AI工具

科学确定工具:回顾之前对各类AI工具的了解和试用经验,综合考虑工具在生成大纲方面的专业性、功能丰富度、操作便捷性等因素,选择一款在生成大纲方面表现出色的工具,如文心一言。该工具在文本生成和逻辑组织方面具有强大的能力,能够满足校园实践报告大纲生成的需求。

顺利启动工具:打开所选工具对应的官方网站或应用程序,按照提示完成注册和登录,成功进入操作界面。熟悉界面布局和功能按钮,为后续撰写指令和生成大纲做好充分准备。

3. 认真撰写指令

详细准确描述需求:在指令输入框中,清晰准确地输入指令内容。例如:"请为校园环保实践活动生成一份实践报告大纲,大纲需包含活动背景、目的、过程、结果、结论等部分。活动内容包括垃圾分类宣传(举办了[X]场环保讲座,发放了[X]份宣传手册,设置了[X]块宣传展板)、校园环境清理(清理了[X]个区域的垃圾,美化了[X]处校园景观),活动成果包括:提高同学们环保意识(通过问卷调查显示,同学们的环保知识知晓率从[X]%提升至[X]%)、改善校园环境(校园垃圾减少[X]吨,绿化面积增加[X]平方米)。"确保指令内容完整、具体,便于AI准确理解需求。

明确指定格式要求:根据实际需求,可指定大纲的格式,如采用层级结构,用"一、(一)1."的编号方式,或者采用"1.1.1"的层级编号方式等,以便生成的大纲更符合规范,便于后续调整和阅读。

4. 全面优化大纲

严格审查内容准确性:对AI生成的大纲进行逐项审查,将生成的大纲与之前整理的活动信息进行仔细比对,检查各部分内容是否与活动实际情况相符,有无遗漏或错误。如发现活动背景描述与实际不符,及时调整;活动目的表述是否清晰,与预期是否一致,进行修正;活动过程是否完整,补充遗漏环节;活动结果是否客观,核实数据准确性;活动结论是否合理,调整表述方式。确保大纲内容真实、准确、完整。

合理调整结构逻辑性:根据活动的逻辑顺序和重点,对大纲的层级结构进行优化。如活动背景可进一步细分为当前环境现状、学校开展活动的必要性等;活动目的可按照预期目标、实际效果进行细化;活动过程按照时间先后、重要程度进行排序;活动结果根据实际成果进行总结;活动结论基于活动过程和结果进行升华。通过合理调整,使大纲逻辑清晰、层次分明,符合校园实践报告的规范要求。

同步实训

假设参与了一次校园文化调研活动,如对校园文化现状、发展历程、学生兴趣爱好、教师期望等方面进行全面了解。按照上述活动步骤,借助AI工具(如智能文案生成器、在线调查平台等),对校园文化调研活动报告大纲进行优化。重点在于突出校园文化特色,如传统与现代文化融合、艺术表现形式创新等方面。通过实际操作,进一步提升AI在活动策划、组织、报告撰写等方面的应用能力,为今后开展类似活动提供参考。

活动三 | 构思与撰写社团活动策划文案

活动描述

在学校丰富多彩的社团活动中,动漫社团正蓄势待发筹备一场盛大的动漫文化节。为了让这场文化节成为全校瞩目的焦点,吸引更多同学踊跃参与,同学们将开启一场创意与智慧碰撞的旅程——借助先进的AI工具,对动漫文化节活动策划文案展开深度创意构思。从活动主题的精妙设定,到各个环节的巧妙安排;从特色亮点的精心打造,到宣传推广的独特策略,将充分发挥想象力,精心雕琢每一处细节,力求撰写出一份极具吸引力、感染力的策划文案,为动漫文化节的成功举办奠定坚实基础。

活动分析

在社团活动的筹备环节中,策划文案的撰写无疑是至关重要的一环。一份优秀的社团活动策划文案,不仅要具备强大的吸引力,像一块磁石一样紧紧抓住读者的目光,激发他们内心深处参与活动的强烈欲望;更要具备高度的可操作性,确保活动能够按照预定的计划顺利推进,达到预期的效果。这就要求策划文案必须精准突出活动的独特特色,无论是新颖的活动形式、丰富的活动内容,还是别具一格的活动主题,都要在文案中充分展现。

然而,在实际的策划过程中,往往会遭遇诸多难题。创意不足便是其中较为突出的问题之一,面对空白的文档,常常感到思绪枯竭,难以想出令人眼前一亮的创意点子;内容不全面也是常见的困扰,容易遗漏一些重要的环节和细节,导致策划方案不够完善。此时,AI 就如同一位智慧伙伴,能够为同学们提供丰富多样的创意灵感。它凭借强大的数据分析和处理能力,可以快速生成各种新颖独特的活动构思,帮助同学们打开思路,构思出精彩纷呈的活动环节。同时,在组织文案内容方面,AI 也能提供一些有益的参考和建议。但不能完全依赖 AI,还需结合社团的实际情况,对 AI 生成的内容进行全面细致的评估与修改。只有经过反复打磨和优化,才能确保策划方案切实可行,为社团活动的成功举办保驾护航。

活动步骤

1. 精准明确活动目标与定位

深度沟通讨论:组织一场专门会议,与动漫社团的核心成员进行全面且深入的沟通。通过轻松活跃的交流氛围,引导成员们畅所欲言,了解社团举办动漫文化节的初衷:是希望传承动漫文化、增进成员间的交流,还是提升社团在学校的影响力。明确预期达到的效果,如吸引多少学生参与、营造怎样的校园动漫氛围等。同时,深入探究目标受众的特点和需求,例如不同年级学生对动漫类型的偏好、期望在活动中获得的体验等。

科学确定方向:根据沟通所获取的丰富信息,组织社团骨干成员共同商讨,确定动漫文化节的主题、风格和大致方向。例如,经过讨论,确定打造一场以经典动漫角色为主题的沉浸式文化节,风格可以是复古怀旧风、时尚潮流风或者奇幻魔法风,为后续的活动策划奠定坚实基础。

2. 全面收集参考资料

广泛案例借鉴:充分利用互联网资源,通过专业的活动策划网站、社交媒体平台等渠道,广泛搜索以往动漫社团活动的精彩案例。同时,查阅社团档案,回顾社团过去举办活动的相关资料。对搜集到的案例进行细致分析,总结其成功之处,如独特的活动形式、有效的宣传策略、良好的现场氛围等,并提取可借鉴的经验,为本次动漫文化节的策划提供参考。

丰富素材积累：安排专人负责收集与动漫相关的各类素材，包括高清的动漫图片、精彩的动漫视频、详细的文字资料等。素材来源可以包括动漫官方网站、动漫论坛、动漫博主分享等。通过广泛收集素材，为后续的创意构思提供丰富的灵感源泉，使活动内容更加丰富多彩。

3. 高效借助 AI 构思创意

精准输入指令：打开 AI 工具平台，向 AI 输入详细且准确的指令，如"为学校动漫社团策划一场动漫文化节，活动面向全体学生，主题为'经典动漫角色沉浸式体验'，需突出动漫特色，富有吸引力，活动时间建议控制在[X]天，地点选择在学校的[具体地点]"。通过清晰的指令，引导 AI 生成符合需求的创意点子。

严格筛选创意：对 AI 生成的众多创意进行仔细筛选和评估。组织社团成员共同讨论，挑选出既符合社团实际情况，又能有效实现活动目标的点子。例如，选择动漫角色 cosplay 巡游，让同学们身着经典动漫角色的服装，在校园内进行巡游展示；经典动漫场景还原，利用学校的场地布置出动漫中的经典场景，供同学们拍照打卡等。

4. 精心撰写策划文案

合理搭建框架：根据筛选出的创意，搭建策划文案的完整框架。框架应包括活动的基本信息，如活动时间（具体到日期和时间段）、地点（详细到校园内的具体场所）；活动流程：按照时间顺序详细规划每个环节的内容，包括开场表演、互动游戏、展览展示等；宣传推广方案：确定宣传渠道（如校园广播、海报、社交媒体等）和宣传内容；人员安排：明确各个岗位的负责人和工作人员；预算规划：列出活动所需的各项费用，如场地布置费用、道具制作费用、宣传费用等。

细致填充内容：将创意和相关信息巧妙地融入框架中，详细描述每个活动环节的具体内容和实施步骤。例如，在动漫角色 cosplay 巡游环节，说明巡游的路线、参与人员的选拔方式、服装要求等；在经典动漫场景还原环节，描述场景的布置方案、互动方式等。通过细致的描述，使策划文案内容丰富、逻辑清晰且具有可操作性。

5. 细致完善与审核

深度优化细节：对策划文案进行逐字逐句的仔细检查，完善每一个细节。例如，精确安排活动时间，考虑到天气、学校其他活动等因素的影响；选择具体的宣传渠道，根据不同渠道的特点和受众群体，制定相应的宣传策略。同时，对文案的语言表达进行优化，使其更加通顺、生动、有吸引力。

可行性全面评估：从社团的人力、物力、财力等方面对策划文案进行全面的可行性评估。评估社团成员是否有足够的能力和精力完成各项任务;学校的场地、设备等资源是否满足活动需求;预算是否在社团的可承受范围内。对不符合实际情况的部分进行及时修改调整,确保策划方案切实可行。

同步实训

选择另一个社团,如书法社团或足球社团,按照上述活动步骤,借助 AI 工具策划一次社团活动并撰写文案。例如,为书法社团策划一场"墨香校园"书法展览活动,通过与社团成员沟通确定活动目标为展示书法社团成员或校内书法爱好者的作品,弘扬书法文化;收集书法展览的相关案例和素材;借助 AI 构思展览的主题、作品展示形式等创意;撰写包含展览时间、地点、作品征集、现场布置、宣传推广等内容的策划文案;并对文案进行完善和审核,确保活动能够顺利开展。

任务二　处理商务文字

任务情境

随着同学们步入实习阶段,商务文字处理能力在职场中尤为重要。在实习过程中,大家会频繁接触到各类商务文字处理任务:从细致入微地整理毕业论文格式,确保每一处细节都符合学术规范;到撰写得体专业的实习邮件,精准传达信息,展现职业素养;再到精心制作实习汇报 PPT,以直观、生动的方式展示实习成果。这些任务不仅考验着同学们的文字表达能力,更对格式规范有着严格的要求。而借助先进的人工智能工具,可以更加高效精准地完成这些任务,显著提升工作效率与质量,为未来的职业生涯奠定坚实基础。

任务目标

格式处理:能够运用 AI 工具,快速准确地将毕业论文、商务文档等格式调整为符合行业或学校标准,确保格式规范统一。

邮件撰写：借助 AI 生成逻辑清晰、语言得体的商务邮件，准确传达信息，并遵循商务沟通礼仪。

PPT 文案创作：通过 AI 辅助，设计出结构合理、内容精炼的实习汇报 PPT 文案，同时兼顾视觉效果和演示效果。

 知识准备

一、格式处理

了解文档格式标准：熟悉学校或行业对于毕业论文、商务文档的格式要求，如字体、字号、行距、页边距、段落缩进、标题样式、编号规则、参考文献格式等。不同学科、不同企业可能会有不同的具体标准。

掌握 AI 工具的文档处理功能：学习使用 DeepSeek 等 AI 工具，了解如何通过指令对文档格式进行调整。例如，有些 AI 可以识别并纠正文本中的格式错误，提供格式化的建议，甚至直接生成符合特定格式要求的文本内容。同时，要知道如何将 AI 生成的内容准确地应用到实际的文档中。

以 DeepSeek 网页版为例，操作流程如下。

第一步：启动对话环境

打开 DeepSeek 网页版，点击「开始对话」按钮，如图 3-9 所示，进入智能交互界面。

图 3-9 DeepSeek 网页版交互界面

第二步：上传待处理文档

在对话框中选择「上传附件」功能，将需要修改的文档（支持".docx"、".txt"等格式）上传至平台（或直接把文件拖拽到对话框内），如图3-10所示。

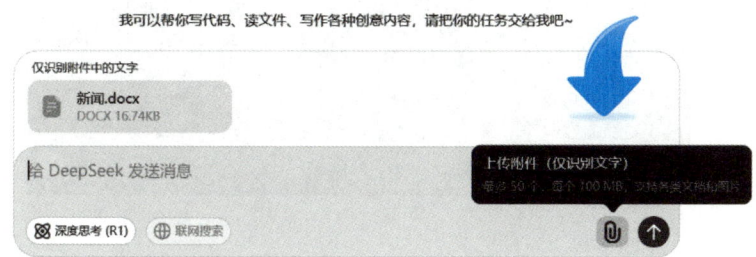

图3-10　DeepSeek网页版上传附件界面

第三步：精准下达格式化指令

在对话框中输入指令模板（示例）：将以上全部内容以HTML格式输出，格式和排版按照……（按照用户需求，清楚准确的写出格式要求），如图3-11所示。

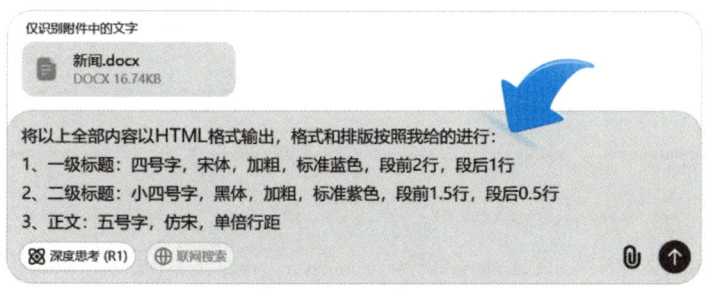

图3-11　DeepSeek网页版编写指令界面

第四步：代码提取与本地化存储

复制DeepSeek生成的代码，并粘贴到新建的文本文档中，如图3-12所示。

第五步：格式化文件的构建与验证

将文本文档的后缀".txt"修改成".html"，并在浏览器打开该文档，同时在浏览器中检查格式效果，如果需要调整，可返回DeepSeek交互界面重复上述步骤，如图3-13所示。

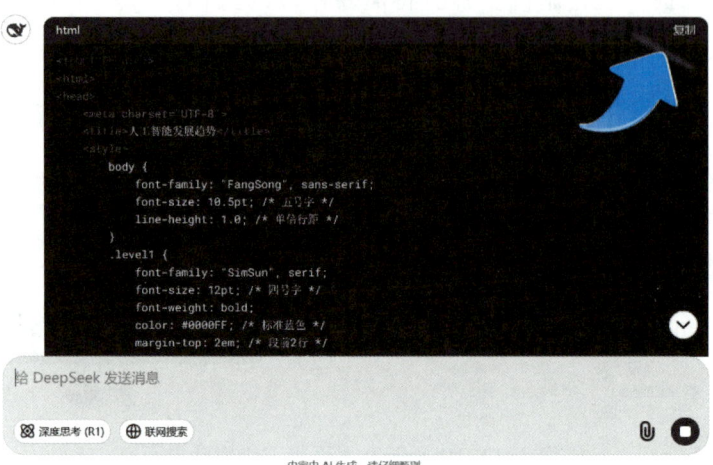

图 3-12 DeepSeek 网页版生成的代码界面

图 3-13 浏览器显示效果界面

第六步：内容迁移与终版优化

在浏览器中，通过「Ctrl + A」全选已格式化的内容，使用「Ctrl + C」完成复制；打开 Microsoft Word（或 WPS 文字），新建空白文档，执行「Ctrl + V」粘贴操作，确保 HTML 代码渲染的样式（如标题层级、列表格式、代码块高亮）完整保留，如图 3-14 所示。

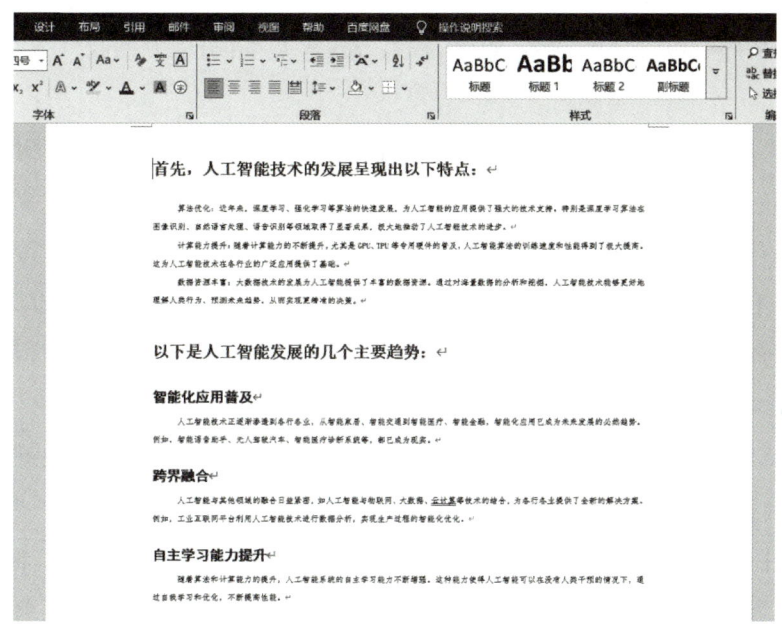

图 3-14 最终效果

二、邮件撰写

1. 商务邮件规范

在商务沟通的众多形式中,邮件占据着举足轻重的地位。因此,熟练掌握商务邮件的撰写规范是每一位职场人士必备的技能。商务邮件有着严谨且固定的基本结构,每一部分都承载着特定的信息传递功能。

主题:它是邮件的"眼睛",是收件人在众多邮件中第一眼看到的内容。一个好的主题应该简洁明了、高度概括邮件的核心内容,让收件人一眼就能了解邮件的大致方向,例如"[具体项目名称]合作方案讨论-[您的姓名]"。

称呼:恰当的称呼能够体现对收件人的尊重。根据收件人的职位、性别、与您的关系等因素,选择合适的称呼,如"尊敬的[姓名]经理""亲爱的[姓名]女士/先生"等。

正文:这是邮件的主体部分,需要清晰、准确地传达您的信息。内容要严谨,条理清晰,可以采用分段或编号等方式进行组织,让收件人能够轻松阅读并理解。

结尾敬语:它不仅是对收件人的礼貌回应,也是邮件正式性的体现。常见的结尾敬语有"此致 敬礼""顺祝商祺"等,根据邮件的正式程度和与收件人的关系进行选择。

签名:签名部分包含您的姓名、职位、联系方式等基本信息,方便收件人在需要时与您取得联系。

除了结构规范,商务邮件的语言风格也有其独特要求。首先,需简洁明了,避免冗长复杂的句子和过多的修饰语,确保收件人能够快速抓住重点。其次,语言要正式得体,符合商务场合的沟通氛围,避免使用过于随意或口语化的表达,如"咱""呗"等词汇。最后,语气要恰当,不同的收件人和情境需要不同的语气,例如,给上级领导发送邮件时,语气要恭敬、谦逊;与客户沟通时,语气要热情、专业;与同事交流时,语气可以相对亲切、友好。

2. 明确邮件目的和内容

在借助 AI 撰写邮件之前,做好充分的准备工作是确保邮件质量的关键。其中,首要任务是明确自己发送邮件的目的和内容。

明确邮件目的:邮件的目的多种多样,常见的有求职申请、工作汇报、商务合作洽谈等。例如,求职者发送邮件的目的是向心仪的公司投递简历,争取面试机会;员工向领导发送工作汇报邮件的目的是让领导了解工作进展和成果。明确目的后,就可以围绕这个核心来组织邮件内容。

整理关键信息:根据邮件目的,确定要传达的关键信息。这些信息应该具有针对性和实用性,并能够清晰地表达意图。例如,在求职邮件中,关键信息可能包括求职者的专业技能、实习经历、对目标职位的理解和兴趣等;在工作汇报邮件中,关键信息可能包括工作任务的完成情况、遇到的问题及解决方案、下一步的工作计划等。将这些关键信息整理成清晰的要点,形成一份详细的提纲,以便 AI 能够根据这些要点生成准确、有针对性的邮件内容。

3. AI 写作指令技巧运用

随着人工智能技术的发展,AI 写作工具在邮件撰写中发挥着越来越重要的作用。然而,要让 AI 生成符合需求的邮件内容,关键是学会向 AI 提供准确的指令。

描述邮件背景:向 AI 详细介绍邮件的背景信息,包括事件的起因、经过、相关人物等。例如,在撰写商务合作洽谈邮件时,可以说明双方公司的基本情况、合作项目的背景和意义等。

明确邮件目的:清晰地告诉 AI 发送邮件的具体目的,如寻求合作机会、解决合作中的问题、推进项目进展等。

提供收件人信息:让 AI 了解收件人的相关信息,如姓名、职位、公司、兴趣爱好等。这有助于 AI 根据收件人的特点生成更适合的邮件内容。

列出内容要点：将整理好的关键信息逐一列出，让 AI 明确邮件需要涵盖的内容。例如，"帮我写一封给[公司名称]招聘经理的求职邮件，我对贵公司的[职位名称]感兴趣，附件是我的简历，简要介绍我的专业技能和实习经历，表达我对该职位的热情并期待对方回复。"这样详细的指令能够让 AI 生成更符合需求的邮件，提高邮件的质量和效果。

通过掌握商务邮件规范、明确邮件目的和内容以及运用 AI 写作指令技巧，可以撰写出高质量、高效率的商务邮件，为商务沟通和工作交流提供有力的支持，邮件案例如图 3-15、图 3-16 和图 3-17 所示。

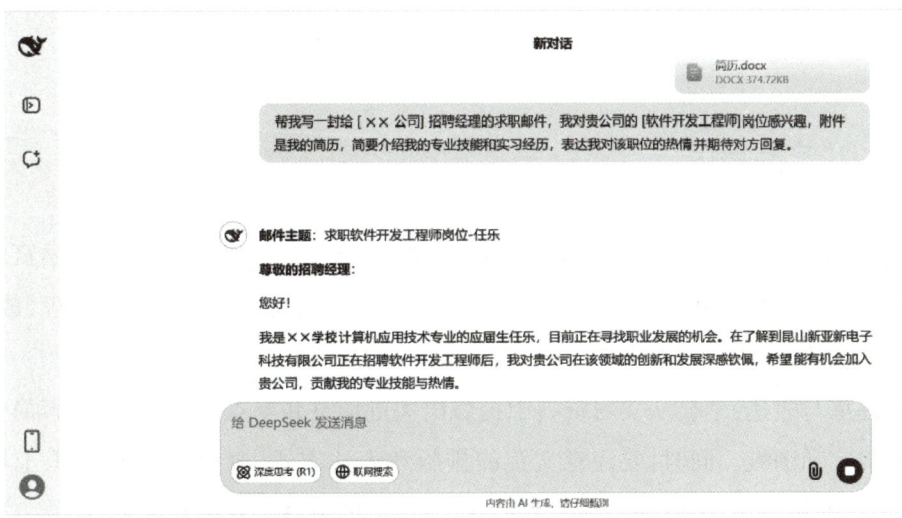

图 3-15　DeepSeek 网页版邮件案例 1

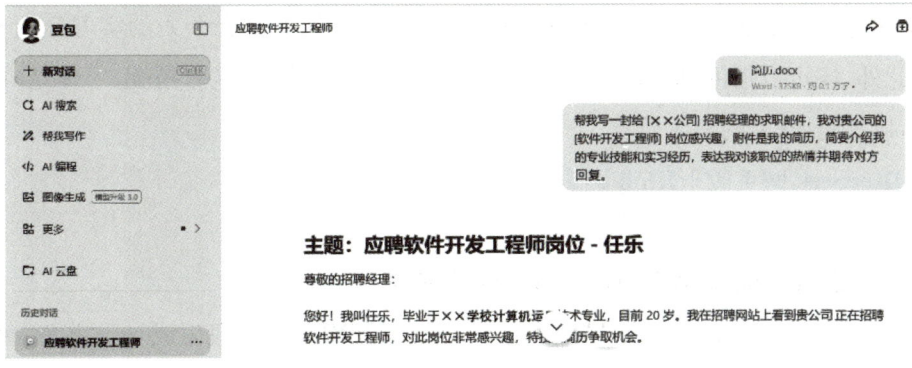

图 3-16　DeepSeek 网页版邮件案例 2

图 3-17　DeepSeek 网页版邮件案例 3

三、PPT 文案创作

PPT 结构与逻辑：了解 PPT 的基本结构，一般包括封面、目录、正文页、总结页和致谢页等。掌握如何构建清晰的逻辑框架，可使 PPT 内容按照项目背景、目标、过程、成果、结论和展望等板块依次呈现，循序渐进地展示实习成果。

内容提炼与表达：学会从实习资料中提炼出关键信息和要点，将复杂的内容简化为简洁明了的文字和图表。同时，要注意文字的排版和表达方式，避免在一页 PPT 上堆砌过多文字，尽量使用短句、关键词和图表来传达信息，以增强视觉效果和演示效果。

AI 辅助创作方法：学习如何利用 AI 生成 PPT 大纲和内容要点。可以向 AI 描述实习的主要内容、重点成果以及 PPT 的风格要求等，让 AI 帮助生成初步的文案框架。然后，根据实际情况对 AI 生成的内容进行修改和完善，使其更符合个人的实习经历和展示需求。此外，还可以借助 AI 获取一些关于 PPT 设计的建议，如色彩搭配、字体选择、图表类型等，以提升 PPT 的整体质量。

以 DeepSeek 网页版＋Kimi 网页版为例，操作流程如下。

第一步：使用 DeepSeek 生成大纲

（1）打开 DeepSeek 网页版，输入指令（示例）：

"我是[你的身份/职业]，需要制作关于[主题]的 PPT，请帮我生成一份详细大纲。"如图 3-18 和图 3-19 所示。

图 3-18　DeepSeek 网页版输入 PPT 指令界面

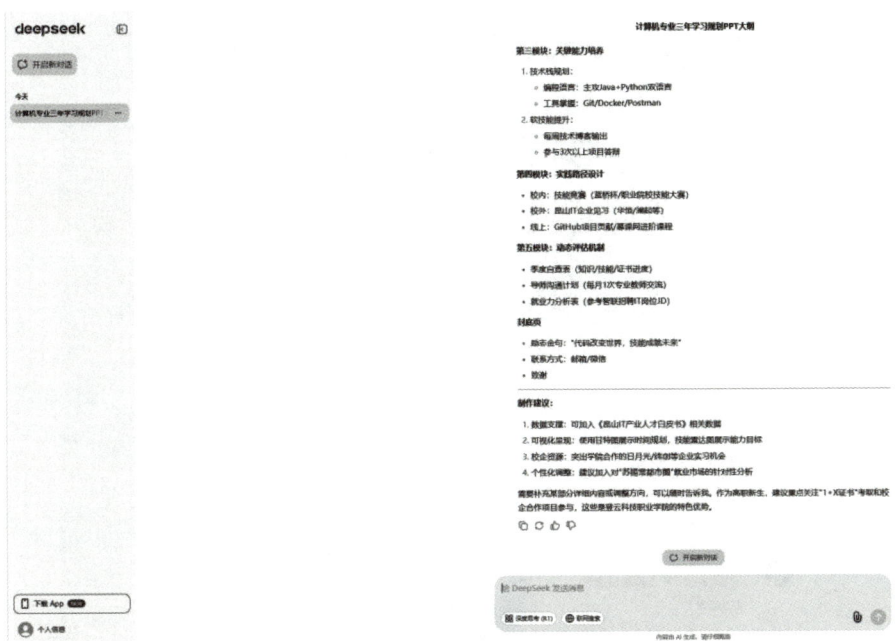

图 3-19　DeepSeek 网页版 PPT 大纲生成界面

（2）生成大纲后，根据个人需求调整内容结构，确保符合实际使用场景。

第二步：使用 Kimi 一键生成 PPT

（1）访问 Kimi 网页版，在左侧工具栏选择"Kimi+"→"PPT 助手"（可在官方推荐工具中找到），如图 3-20 和图 3-21 所示。

（2）将整理好的大纲粘贴至对话框，Kimi 会自动优化逻辑与排版，优化完成后，点击"一键生成 PPT"，进入模板选择界面，如图 3-22 和图 3-23 所示。

人工智能技术与应用

图 3-20　Kimi 网页版操作界面

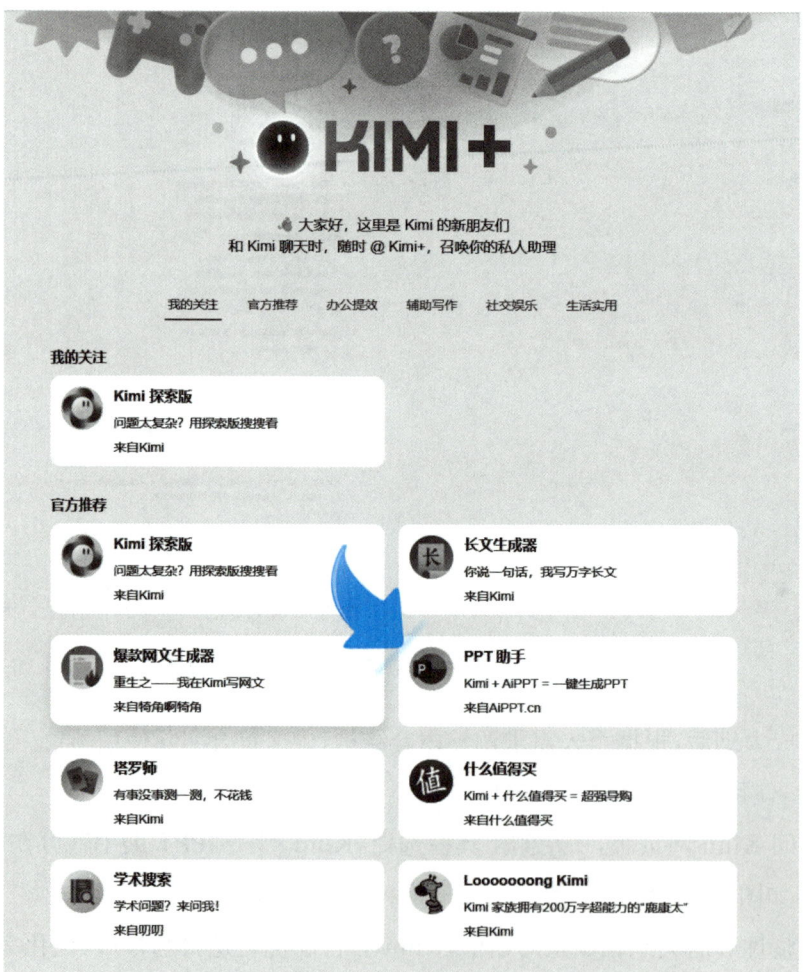

图 3-21　Kimi 网页版 PPT 助手界面

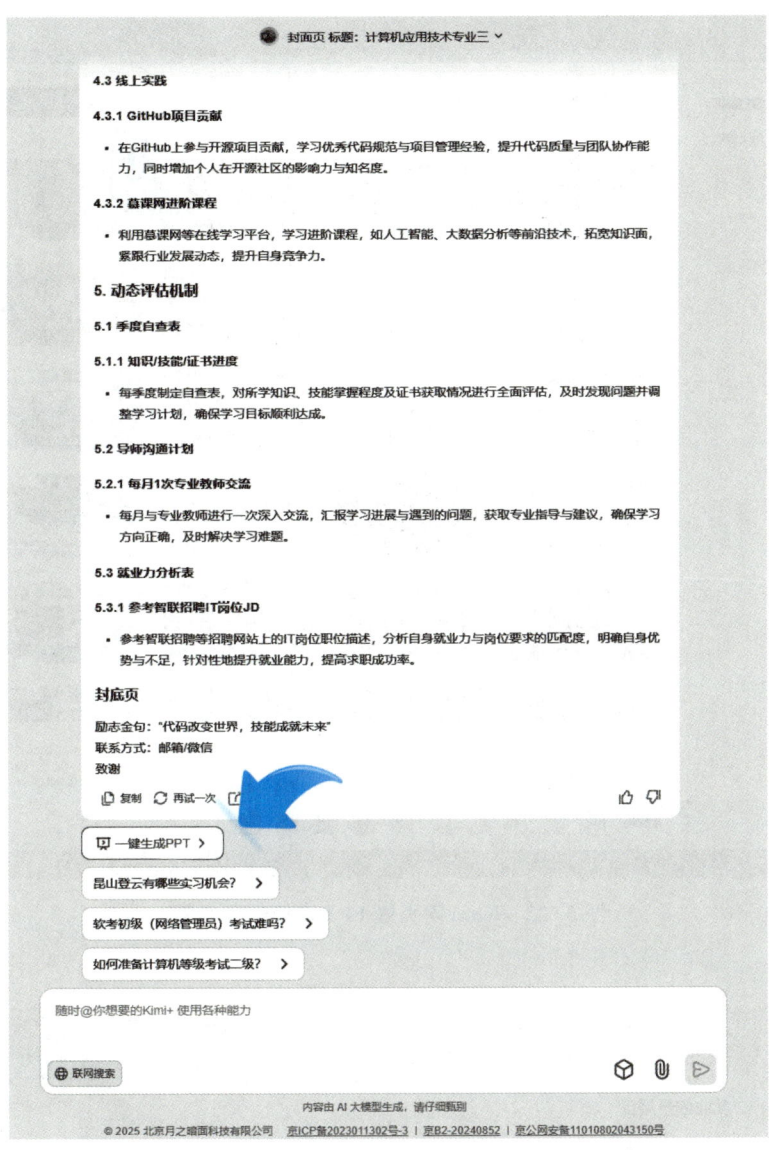

图 3-22　Kimi 网页版一键生成 PPT 界面

Kimi 的 PPT 模板选择时可以调节以下参数。

模板场景：根据用途选择（如商务、学术、产品发布等）。

设计风格：简约、创意、科技感等。

主题颜色：自定义或使用推荐配色方案。

确认好参数后，系统将自动生成 PPT，如图 3-24 和图 3-25 所示。

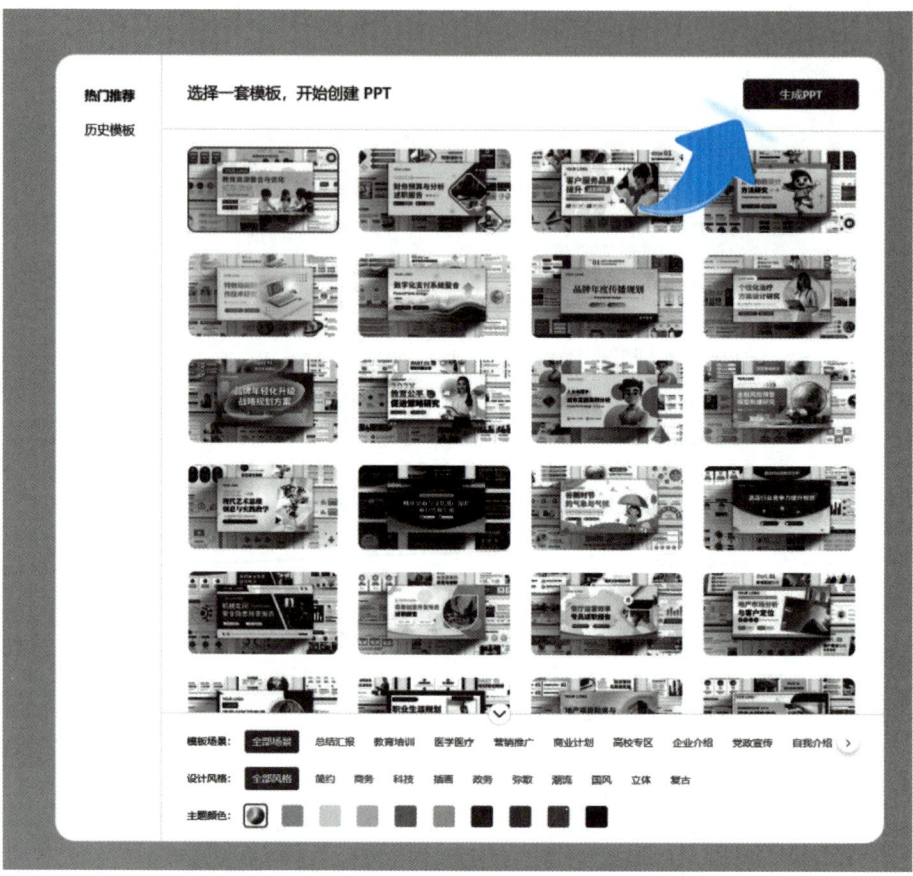

图 3-23　Kimi 网页版 PPT 模板选择界面

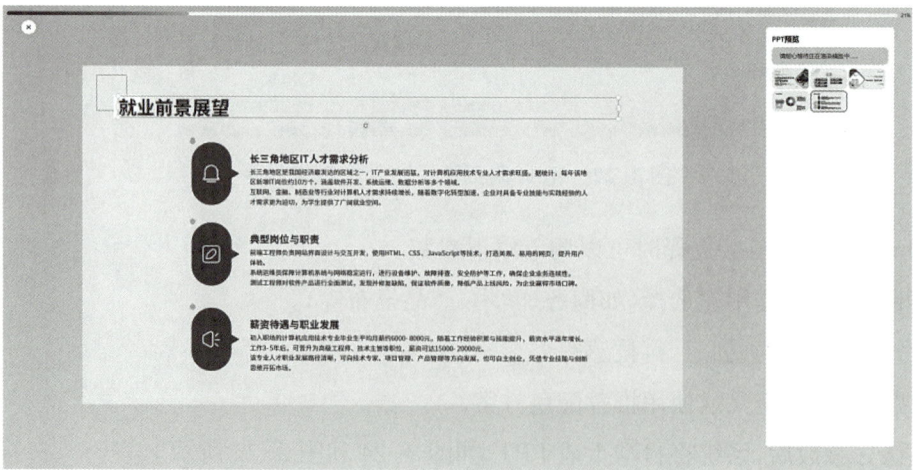

图 3-24　Kimi 网页版 PPT 自动生成界面(过程截图 1)

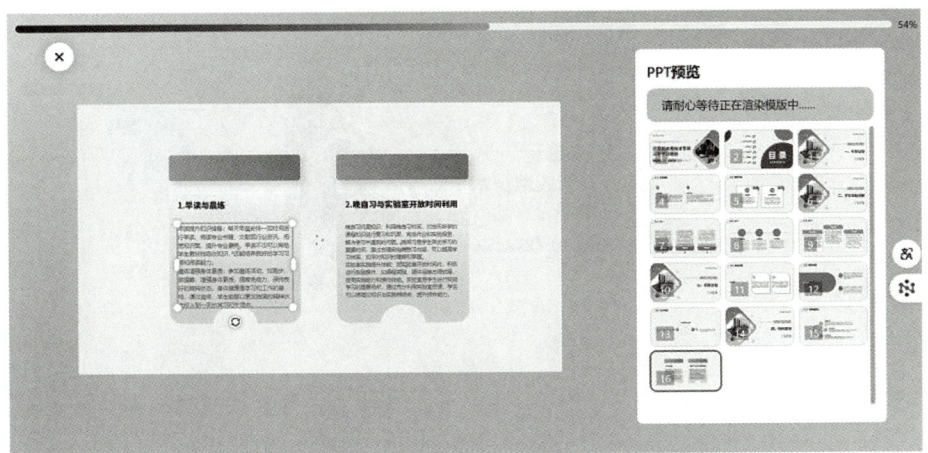

图 3-25　Kimi 网页版 PPT 自动生成界面(过程截图 2)

第三步：优化与导出

(1) 点击"去编辑"，对内容、排版或图表进行细节调整，如图 3-26 所示。

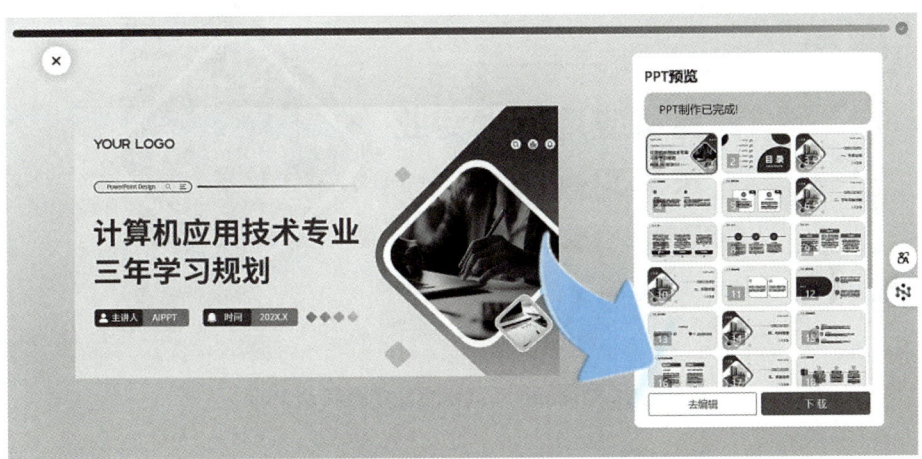

图 3-26　Kimi 网页版 PPT 编辑入口

(2) 完成优化后，点击右上角"下载"，保存至本地，如图 3-27 所示。

下载后建议再次预览，必要时可进一步调整，确保最终效果符合预期，如图 3-28 所示。

人工智能技术与应用

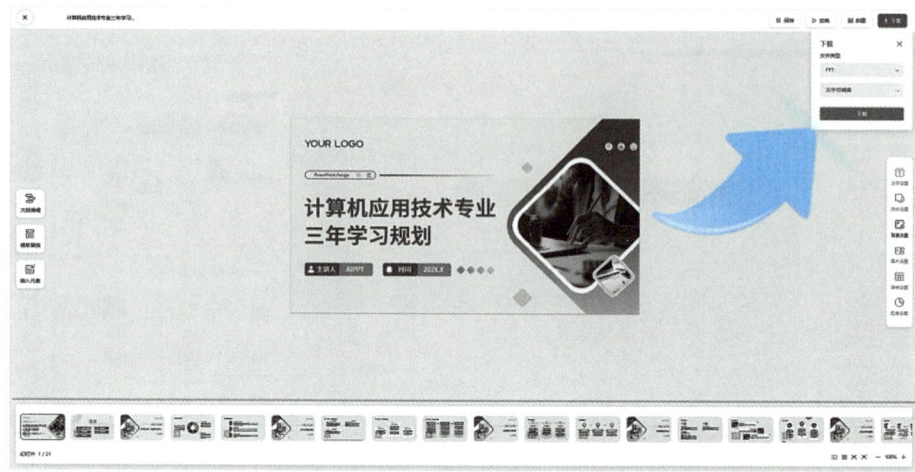

图 3-27　Kimi 网页版 PPT 下载界面

图 3-28　Kimi 网页版生成的最终版 PPT

活动一　整理与优化毕业论文格式

活动描述

目前,同学们均已完成了毕业论文初稿的撰写任务,这一阶段性成果凝聚了大家的心血与努力。然而,在欣喜之余,同学们发现论文的格式与学校所制定的标准之间尚存在一定程度的偏差。为提升论文的整体质量与规范性,需要每位同学对毕业论文的各项格式细节进行全方位、高效率的梳理与优化。具体涵盖字体样式的统一调整、字号大小的精准设定、行距的合理配置、页码的科学编排以及参考文献格式的规范化处理等多个关键方面,力求使每一篇论文的格式都严格符合学校的各项要求。

活动分析

毕业论文的格式规范向来要求严格,涵盖字体、字号、行距、页边距、标题层级、参考文献格式等众多细节。若采用传统的人工调整方式,不仅需要耗费大量的时间和精力,而且在处理大量论文时,还极易因人为疏忽而出现格式错误,导致论文整体质量大打折扣。随着AI技术的飞速发展,其在格式调整方面展现出了显著优势。AI工具能够依据预设的格式规则,快速且精准地完成格式调整任务。例如,它可以自动识别论文中的各级标题,并按照规定格式进行设置;对于参考文献部分,也能根据不同的引用格式要求进行规范排版。然而,要充分发挥AI工具的作用,同学们首先要明确学校对毕业论文的具体格式要求,并将这些要求准确无误地传达给AI。同时,我们也应清醒地认识到,AI并非万能,它可能无法处理所有复杂的格式问题。对于一些特殊情况或个性化需求,仍需同学们手动进行调整。此外,在AI完成格式优化后,同学们必须进行全面细致的检查。即使是再先进的AI,也可能存在识别误差或调整不当的情况。只有通过人工复查,才能确保论文格式准确无误,符合学校的要求,为毕业论文的顺利通过奠定坚实基础。

活动步骤

1. 获取格式要求

(1) 资料收集

① 访问学校官网的教务管理板块,查找与毕业论文格式相关的通知和文件。

② 仔细研读学校发放的毕业论文指导手册,重点关注其中的格式规范部分。

③ 向导师咨询,获取关于毕业论文格式的详细要求和注意事项。

(2) 要求梳理

① 认真阅读收集到的格式规范文件,对字体、字号、行距、页码、段落缩进、章节标题格式、参考文献格式等具体要求进行逐一梳理。

② 将梳理好的格式要求进行分类整理,并做好详细的记录,以便后续使用。

2. 选择 AI 工具

(1) 功能匹配

① 在市场上挑选支持文档格式处理的 AI 工具,如 DeepSeek,了解它们在文档排版方面的功能特点。

② 对比不同工具的功能和优势,选择最适合毕业论文格式调整需求的工具。

(2) 安装配置

① 根据所选工具的要求,在电脑上进行安装。

② 完成安装后,进行必要的配置,如登录账号、设置默认格式等,确保工具能够正常运行并满足使用需求。

3. 上传文档与设置参数

(1) 文档上传

① 打开所选的 AI 工具,找到文档上传入口。

② 将毕业论文初稿上传至工具平台,确保文件上传成功且内容完整。

(2) 参数设置

① 在 AI 工具的格式设置界面中,根据之前梳理好的格式要求,依次设置字体、字号、行距、段落缩进等参数。

② 在设置参数时,要仔细核对每一项设置,确保参数设置准确无误,避免出现错误。

4. 查看与调整结果

(1) 整体预览

① 查看 AI 工具生成的格式优化后的毕业论文,从整体上检查文档的排版效果。

② 关注页面布局是否合理、章节划分是否清晰、标题层级是否正确等,确保文档的整体格式符合要求。

(2) 细节调整

① 对 AI 处理不到位或存在瑕疵的部分进行手动调整,如特定图表的格式、脚注的位置、特殊符号的显示等。

② 在调整过程中,要仔细检查每一处细节,确保文档格式完全符合学校要求。

5. 全面检查

(1) 逐页检查

① 从头到尾逐页阅读文档,对文字格式、页码编号、参考文献标注等进行仔细检查。

② 检查是否存在错别字、格式错误、页码缺失或重复等问题,确保文档内容准确无误。

（2）交叉核对

① 将调整后的文档与格式规范文件进行交叉核对，确保所有格式要求都得到落实。

② 对于核对过程中发现的问题，要及时进行修改和完善，确保文档格式完全符合学校要求。

同步实训

为加深对 AI 工具在毕业论文格式整理与优化中的应用理解，可选择一篇其他论文作为实训材料，借助 AI 工具进行格式整理与优化。在实训过程中，要严格按照上述活动步骤进行操作，并注意总结经验和教训，以便在后续的毕业论文格式调整中能够更加熟练地运用 AI 工具。

活动二 ｜ 生成实习岗位沟通邮件

活动描述

在成功获得实习机会后，与实习单位负责人建立高效、专业的邮件沟通渠道，是每位实习生迈入职场的第一步。本次活动聚焦"实习岗位邮件沟通实战"，旨在帮助大家掌握商务邮件的撰写规范与沟通技巧。活动要求借助 AI 工具（如智能写作助手、邮件模板生成器等），围绕入职咨询（如报到时间、材料准备）、工作进展汇报（如任务完成情况、问题反馈）等核心场景，撰写结构清晰、语言得体的邮件。通过这一过程，不仅能快速生成符合职场标准的邮件初稿，还能在 AI 辅助下进一步优化内容，确保信息精准传达，展现专业素养与沟通能力。

活动分析

在实习岗位中，邮件沟通作为重要的商务交流手段，需严格遵循商务礼仪规范。这不仅关乎个人职业素养的体现，更直接影响着企业间的合作效率与形象。因此，邮件撰写应秉持语言简洁明了、内容重点突出的原则，确保信息准确无误地传达给收件人。然而，对于初入职场的学生而言，由于缺乏实际工作经验，在撰写邮件时往往面临诸多挑战。例如，语言表达可能过于生硬或模糊，导致信息传递不畅；内容组织上可能缺乏逻辑性，使得邮件显得杂乱无章。这些问题不仅降低了沟通效率，还可能给对方留下不专业的印象。

针对上述问题，借助 AI 技术提供的邮件模板与表达方式参考，无疑为同学们提供了一个高效的学习途径。通过参考这些模板，同学们可以快速掌握邮件撰写的基本框架与技巧，从而更加自信地组织语言，表达观点。但值得注意的是，不同实习岗位、不同沟通场景对邮件内容有着不同的要求。因此，同学们在利用 AI 辅助撰写邮件时，还需结合实际情况，准确描述沟通目的与内容，对 AI 生成的邮件进行细致的个性化修改。只有这样，才能确保邮件既符合商务礼仪规范，又能贴合实际场景，达到预期的沟通效果。

活动步骤

1. 精准定位沟通目的与内容

确定核心主题：依据具体的沟通事项，精心构思邮件主题。例如，若为入职咨询，主题可设定为"关于[具体岗位名称]入职事宜的详细咨询"；若为工作进展汇报，主题则可表述为"[项目具体名称]工作进展阶段性汇报"。明确的主题能让收件人快速了解邮件主旨。

系统梳理要点：紧密围绕沟通目的，全面梳理邮件中需传达的关键信息。以入职咨询为例，需详细列出报到时间、具体地点、所需携带材料等要点；工作汇报时，则要清晰说明工作完成进度、遇到的问题以及相应的解决方案。

2. 精心挑选 AI 工具

(1) 功能精准匹配

工具市场深度甄选：在 AI 工具市场中，着重挑选具备高效文档处理与邮件撰写辅助功能的工具，如 DeepSeek 等。通过官方文档、产品试用、专业测评等渠道，深入了解其在邮件撰写方面的功能特性。例如，查看其是否拥有丰富的邮件模板库，能否根据不同实习岗位需求自动生成合适的邮件开头、结尾及常用表达；是否具备智能语法检查、词汇优化功能，以提升邮件的专业性和流畅度；是否支持多语言撰写，满足不同实习场景下的沟通需求。

多维对比精细抉择：对筛选出的工具进行全面且细致的对比分析。从功能契合度来看，评估工具的功能是否紧密贴合实习邮件的实际需求，如是否支持根据实习岗位性质（如技术岗、市场岗等）定制邮件内容；从易用性方面，考量工具的操作界面是否简洁直观，是否提供详细的使用教程和帮助文档；从性价比角度，权衡工具的价格与所提供功能对实习邮件撰写效率提升的价值是否匹配。综合各项因素，选择最适合实习邮件撰写需求的工具。

(2) 安装与配置优化

严谨安装部署：依据所选工具的官方安装指南，在电脑上规范安装。确保安装过程中遵循每一步的提示,注意选择合适的安装路径,避免安装在系统盘空间不足的位置,以免影响工具的运行性能。例如,在安装 DeepSeek 时,可提前清理磁盘空间,确保有足够的存储空间供工具安装和后续使用。

细致配置调试:完成安装后,对工具进行个性化配置。首先,登录个人账号,确保账号信息的准确性和安全性,以便后续使用云存储、同步等功能,方便在不同设备上随时撰写和编辑邮件。其次,根据实习邮件的撰写规范和个人使用习惯,设置默认格式,如字体、字号、行距、段落格式等,使撰写的邮件符合正式商务邮件的标准。此外,还可根据实习岗位特点,设置特定的邮件模板和常用表达,提高邮件撰写效率。同时,对工具的其他设置进行优化,如快捷键设置、界面主题选择等,确保工具能够高效、稳定地运行,并满足实习邮件撰写的需求。

3. 详细撰写指令

清晰描述需求:向 AI 准确输入指令,如"请帮我撰写一封实习岗位邮件,主题为[具体主题],内容包括[详细要点],语言风格正式、专业"。通过详细描述,让 AI 明确了解撰写要求。

适当补充场景信息:为使 AI 生成的邮件更具针对性,可适当补充实习岗位和沟通对象的相关信息,如实习岗位的具体性质、负责人的职位等。

4. 认真修改与完善

全面内容审核:对 AI 生成的邮件进行逐字逐句的审核,仔细检查信息是否准确无误、完整全面,语言表达是否恰当得体,有无错别字或语法错误。

个性化巧妙调整:在邮件中巧妙融入个人独特的信息和风格,如简要表达自己对实习工作的期待、对解决问题的深入思考等,使邮件更具个性魅力。

5. 仔细检查与发送

最终严格检查:再次全面检查邮件的主题、收件人、抄送人、内容、格式等信息,确保每一个细节都准确无误。

安心发送邮件:确认无误后,点击发送按钮,将精心撰写的邮件发送给实习单位负责人。

同步实训

模拟构建多元且贴近真实职场的实习岗位沟通场景,诸如因突发个人事务需提交请假申请,或是针对正在推进的项目关键节点开展进度反馈等典型情境。在每个设定场景下,严格遵循活动步骤,借助功能适配的 AI 工具,从精准提炼沟通要点、向 AI 下达明确指令,到对生成邮件内容进行细致审核与个性化完善,全流程实践撰写专业规范的沟通邮件,以此深度强化运用 AI 工具处理实习岗位邮件沟通的能力。

活动三 | 撰写实习汇报PPT

活动描述

在实习圆满落下帷幕后，同学们迎来了一个重要环节——向学校和实习单位进行成果汇报。本次活动聚焦于实习汇报PPT的撰写。同学们将借助先进的AI工具，踏上快速且高效的创作之路。通过合理运用AI，不仅能有序地组织内容，使PPT内容充实饱满、逻辑严谨、层次分明，还能借助AI的视觉设计功能，打造出美观大方的视觉效果。如此一来，这份PPT便能全方位、多角度地展示同学们在实习期间的工作内容、取得的成果以及宝贵的收获。

活动分析

在实习结束后，制作一份高质量的实习汇报PPT至关重要。这一过程犹如搭建一座桥梁，既要精准呈现实习期间的关键信息，将工作内容、成果与收获毫无保留地展现出来，又要兼顾演示时的视觉吸引力和逻辑连贯性，让听众能够轻松跟随汇报者的思路，深入了解实习的全貌。

传统方式制作PPT往往面临诸多挑战。从最初的内容构思开始，就需要花费大量时间进行梳理和总结，确保涵盖所有重要信息。而页面设计更是一项繁琐的任务，需要投入大量精力去挑选合适的模板、调整字体和颜色搭配等。对于缺乏设计经验的同学来说，很容易在制作过程中陷入困境，导致最终呈现的PPT整体效果不尽如人意，无法达到理想的展示效果。相比之下，AI工具为PPT制作带来了新的机遇。它能够依据提供的文字内容，快速生成具有专业设计感的PPT模板，并对内容进行智能排版，大大节省了制作时间。然而，AI生成的内容也存在一定的局限性。由于它无法完全理解个人实习的独特情况，生成的内容可能缺乏针对性和个性化。因此，同学们不能仅仅依赖AI的输出，还需要深入理解实习内容，对AI生成的PPT进行细致的调整与完善。在这个过程中，要突出重点，将实习中的关键成果和独特收获清晰地展现出来，同时融入个人特色，让PPT真正成为展示实习经历的精彩舞台。

活动步骤

1. 收集与整理实习资料

资料汇总：全面收集实习期间的工作记录、项目成果、数据报表、照片、心得笔记等各类资料。将实习工作按照不同阶段、项目或任务进行分类整理，提炼出关键信息和核心要点。

内容提炼：明确实习汇报的核心内容，如实习岗位的主要职责、完成的重要项目及成果、遇到的挑战与解决方法、个人在实习中的成长与收获等。用简洁明了的语言概括每个部分的主旨，以便后续输入给 AI 工具。

2. 选择 AI 工具

功能评估：挑选具备 PPT 生成功能的 AI 工具，如 DeepSeek + Kimi 等。研究各个工具在 PPT 模板设计、内容布局、图表生成等方面的特点，对比不同工具生成 PPT 的风格与质量，选择最符合实习汇报需求的工具。

注册与熟悉：在选定的 AI 工具平台上完成注册并登录，花一定时间熟悉工具的操作界面、功能模块及使用方法，了解如何输入内容、选择模板、调整布局等基本操作。

3. 输入内容与选择模板

内容输入：在 AI 工具的 PPT 创建界面中，将整理提炼好的汇报内容逐一输入，注意保持内容的逻辑性和连贯性。对于重点内容可适当添加标注或说明，方便 AI 工具更好地理解与排版。

模板筛选：根据实习汇报的主题和风格需求，在 AI 工具提供的海量 PPT 模板中筛选合适的模板。需考量模板的整体色调、字体风格、页面布局是否能突出实习汇报的专业性和严肃性，同时兼具一定的视觉吸引力。

4. 生成与初步调整

自动生成：确认内容输入无误，选定模板后，点击生成按钮，让 AI 工具根据输入内容和选定模板自动生成实习汇报 PPT 初稿。等待生成过程中，可提前思考对 PPT 进行初步调整的方向和重点。

初步检查：快速浏览生成的 PPT 初稿，从整体上检查内容是否完整呈现，各部分逻辑是否清晰，页面布局是否合理。重点检查文字内容有无错误、图表数据是否准确、图片展示是否恰当等。

5. 深度优化与完善

内容优化：对 PPT 中的文字内容进行详细校对，确保语言表达准确、专业、简洁。对于重要观点和数据，可适当增加解释说明或案例支撑，使内容更具说服力。调整页面内容的详略程度，突出重点部分。

设计调整：根据个人喜好和汇报场景，对PPT的整体设计进行优化。调整字体、字号、颜色，确保文字清晰易读且风格统一；优化图表样式，直观展示数据信息；合理运用图片、图标等元素，增强页面的视觉效果和吸引力；检查页面切换效果和动画设置，确保演示流畅自然。

6. 预演与最终检查

模拟预演：在电脑上进行PPT的预演，按照汇报时长和节奏，从头到尾完整地演示一遍。在预演过程中，注意观察PPT内容的呈现是否流畅，页面切换是否自然，是否存在卡顿或显示问题。同时，可邀请同学或老师观看预演，收集他们的反馈意见。

最终审核：根据预演情况和收集到的反馈，对PPT进行最后的审核与修改。再次检查内容准确性、排版美观性、演示流畅性等，确保PPT在正式汇报时能够完美呈现实习成果，给观众留下良好印象。

同步实训

假定你需要针对近期已圆满完成的课程，精心筹备一场总结汇报。首先，全面梳理课程期间的学习资料，包括课堂笔记、作业成果、项目实践记录等；接着，依据课程大纲与关键知识点，系统提炼课程重点内容、个人学习收获、遇到的难题及解决方法等核心要点。随后，运用此前活动中涉及的相关AI工具，挑选合适的AI写作助手辅助撰写汇报文案，利用具有PPT生成功能的AI平台搭建汇报演示文稿架构。从确定汇报主题、构思内容框架，到借助AI生成初步文本与页面布局，再对生成结果进行精细审核、个性化调整，完整实践，借助AI高效完成课程总结汇报准备工作的全流程，以此强化对AI工具在学习成果总结呈现方面的应用能力。

用人工智能处理表格

在数据驱动决策的时代，表格作为信息存储与分析的核心载体，广泛应用于金融统计、医疗记录、教育管理等场景。传统表格处理依赖人工操作，效率低且难以挖掘深层价值。人工智能技术的突破为表格数据处理开辟了新路径——通过机器学习模型，可自动完成数据清洗、分类、预测及可视化分析；借助自然语言处理技术，用户甚至能用语音指令直接操作表格。本章将系统讲解人工智能处理表格的核心技术，包括结构化数据特征提取、智能公式生成、异常检测算法等实践方法，并剖析智能表格工具背后的逻辑回归、决策树等模型原理。学习者将通过案例掌握 AI 优化数据流程的技能，理解如何让表格从"静态记录"升级为"动态智库"，为数字化转型中的实际问题提供创新解决方案。

任务一 处理数据

任务情境

苏州作为长三角地区经济发展的重要引擎，有着独特且丰富的数据资源。苏州以发达的制造业、繁荣的旅游业以及深厚的文化底蕴著称。例如，苏州的丝绸产业历史悠久，在现代市场环境下，每天都会产生大量与丝绸产品销售相关的数据，涵盖产品种类（如各类丝绸面料、丝绸服饰等）、销售渠道（线上电商平台销量、线下门店销量）、销售区域（国内外不同地区的销售占比）等信息。而昆山，作为"百戏之祖"昆曲的发源地，同时也是电子信息产业高地，在文化演出与产业生产方面同样积累了海量数据。就昆曲演出而言，包含演出场次、观众人数、演出剧目、票房收入等数据；在电子信息产业中，涉及电子产品的产量、出口量、企业研发投入等数据。这些数据起初可能分散记录在各类文档里，为了能精准剖析产业发展态势、挖掘文化价值，需对其进行系统整理与处理。首要步骤便是设计契合数据特性的表格，接着对表格内数据开展清洗、转换等操作，以便后续深入分析，最后将处理完毕的数据以可视化形式呈现，直观展现数据蕴含的特征与规律。

任务目标

1. 了解使用 OfficeAI 对表格进行数据处理的基本操作步骤。
2. 掌握使用 OfficeAI 进行数据分析及图表制作的方法与技巧。
3. 体会 AI 给学习、生活和工作带来的便捷性。

微视频
OfficeAI
安装教程

知识准备

一、了解 OfficeAI 处理表格数据的基本原理

OfficeAI 运用先进的机器学习和深度学习算法，能够快速识别表格中的关键信息，并根据用户的需求对数据进行多维度的分析和处理，通过自然语言交互，用户可以轻松地提出问题或下达指令，OfficeAI 会根据指令自动执行相应的操作，实现自动化的数据处理和智能化的决策支持。

1. OfficeAI 具有智能填充数据、排序筛选数据、分类汇总数据、清洗数据以及智能生成图表等功能。

OfficeAI 能够依据现有的数据信息，自动补全缺失的数据。例如，若一列数据包含连续的日期，其中夹杂着几个空白单元格，OfficeAI 能够准确识别并补全缺失的日期序列。

OfficeAI 能够将单一列或多列数据升序或降序排列,帮助用户快速锁定所需信息。同时,它还能筛选出关键数据,排除无用数据,从而提升数据处理的效率。

OfficeAI 可以迅速将数据按照不同类别分组,并对各类别的分组数据进行处理,包括求和、取平均值、计数等。例如,在处理销售数据时,OfficeAI 能够轻松地按产品类别计算销售额总和、平均销量等关键指标。

OfficeAI 能够自动识别并修正表格中的错误数据,如重复值、格式不一致的数据。例如,将格式不规范的电话号码统一整理为标准格式,并且能够删除重复的行记录。

OfficeAI 能够根据表格数据的特性,自动推荐合适的图表类型,并一键生成美观且合适的图表,使得数据可视化变得简单便捷。

2. 尽管 OfficeAI 功能强大,但其分析和处理结果依赖于输入数据的准确性。若原始数据中存在大量错误或信息不完整,可能会对最终处理结果产生影响。因此,在使用前,务必确保数据的准确性。用户在处理敏感数据时,需注意 OfficeAI 的使用环境和权限设置,防止数据泄露。因此,建议在本地处理敏感数据,避免随意上传至云端分析,除非能够确保云端服务的安全性。此外,并非所有复杂的数据处理场景都能完美适应 OfficeAI 预设的功能。对于一些特别复杂或专业性极高的数据分析需求,可能仍需结合传统数据分析方法和工具进行人工处理。特别是一些需要高度定制化和基于复杂统计模型的数据分析任务,OfficeAI 的功能尚未完全成熟。例如,在执行多元回归分析或构建时间序列预测模型时,它可能无法完全满足数据分析师的全部需求。在处理大批量数据时,OfficeAI 的处理速度可能会降低,并导致卡顿,这在一定程度上限制了它在大规模数据处理场景中的应用。

二、认识创作平台

OfficeAI 电子表格就像是智能办公小帮手,它使得表格处理工作变得轻松愉快。其用户界面简洁直观,为数据处理人员提供了一个高效的智能化平台,只须发出简单的指令,便能让 OfficeAI 迅速执行复杂的数据计算、整理和分析工作。

OfficeAI 电子表格提供了丰富的智能化功能,使用时只须打开电子表格,在窗口右上方点击"OfficeAI"功能选项卡就能开启智能办公之旅了,其操作界面如图 4-1 所示。

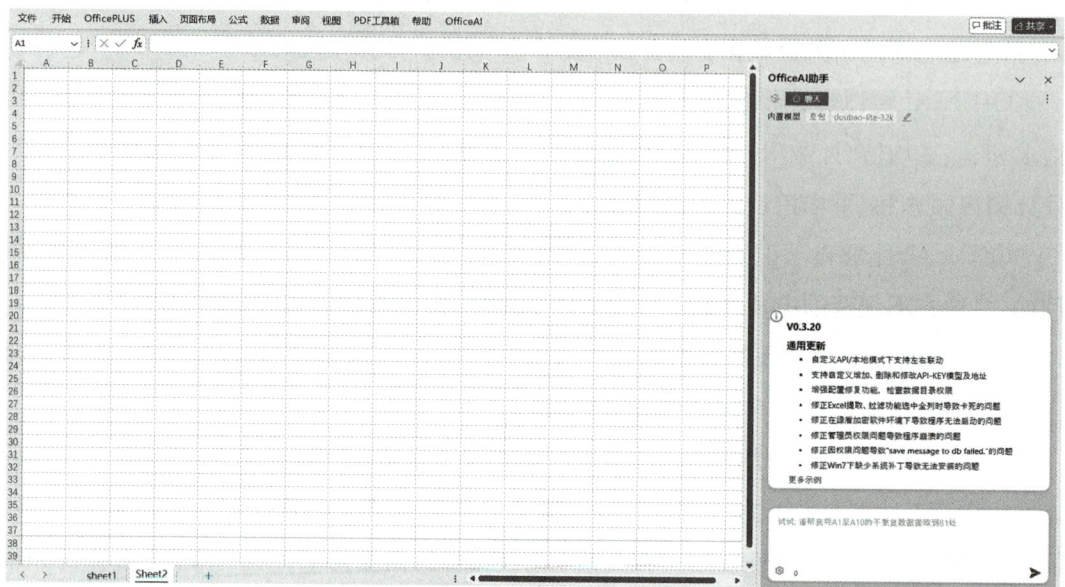

图 4-1 OfficeAI 电子表格操作界面

活动一 │ 设 计 表 格

活动描述

在这个活动中,学生需要根据给定的数据场景,例如苏州丝绸销售数据或昆山昆曲演出数据,设计出能够有效组织和呈现数据的表格。这要求学生理解数据的性质和分析目标,从而确定表格的结构、字段及数据类型。鉴于传统的手工记录方法既烦琐又容易产生错误,为了提升工作效率和数据处理的准确性,小明决定采用 OfficeAI 来构建区域销售额统计分析表,并进行数据分析。

活动分析

设计表格是数据处理的基础,合理的表格结构能极大提高后续数据处理和分析的效率。学生需深入理解数据背后的业务逻辑,使用 OfficeAI 时,首先要明确所需统计分析的具体内容和指标,比如苏州丝绸销售数据中,不同产品种类对应不同的销售渠道和区域,这些因素之间的关系决定了表格字段的设置和组织方式。其次,要准备好原始销售数据，确保数据的准确性和完整性。例如创建一个包含区域、产品类别、销售额、销售量、销售日期、销售代表的表格，利用OfficeAI即可快速生成满足需求的表格。

活动步骤

1. AI快速建表

（1）打开Excel软件，新建一个空白的表格，登录OfficeAI账号。

（2）点击窗口右上方"OfficeAI"功能选项卡，打开下拉列表。

（3）在下拉列表中选择"右侧面板"，弹出的"OfficeAI助手"对话框如图4-2所示。

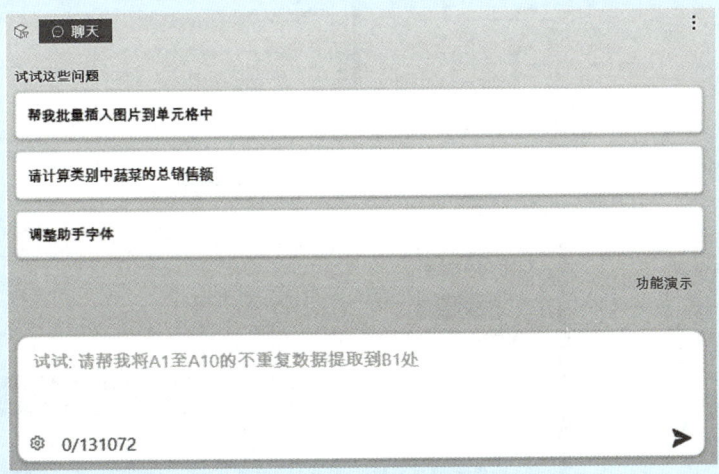

图4-2 OfficeAI助手对话框

（4）在弹出的"OfficeAI助手"对话框中输入需要创建的表格类型及用途，例如，输入："请帮我生成一张包含'类别''食物'和'销售额'的表，表中有5行数据"，如图4-3所示。

（5）按Enter键，OfficeAI将根据输入的指令自动创建相应的表格，生成的表格如图4-4所示，可在弹出的对话框中选择应用结果区域。

（6）选定区域后，按Enter键确认，OfficeAI将自动生成表格，如

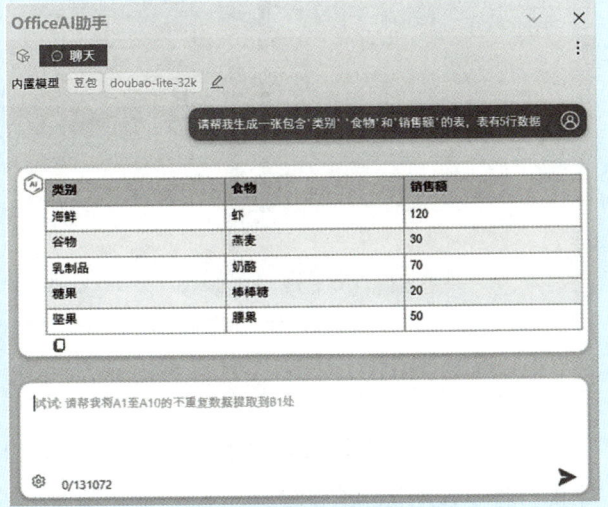

图4-3 "OfficeAI快速建表"对话框

图 4-5 所示。

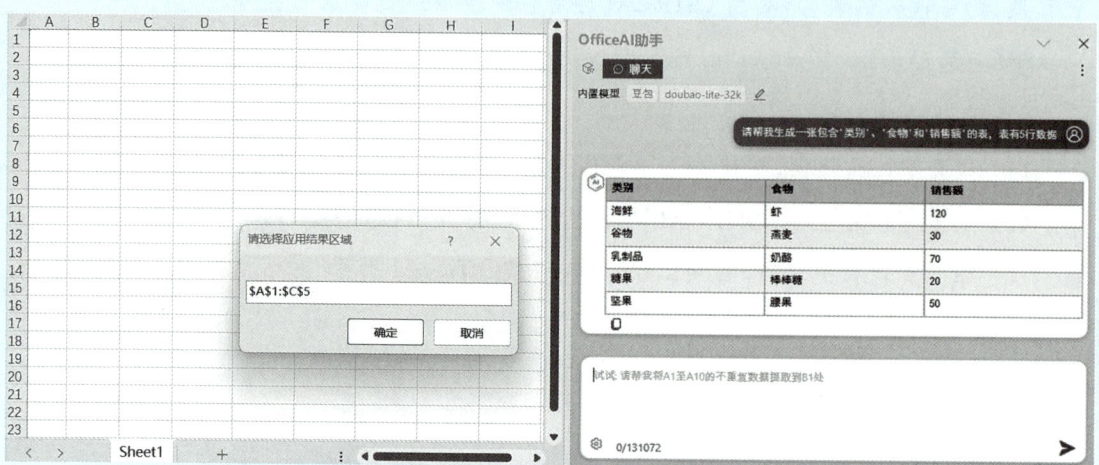

图 4-4 OfficeAI 选择应用结果区域

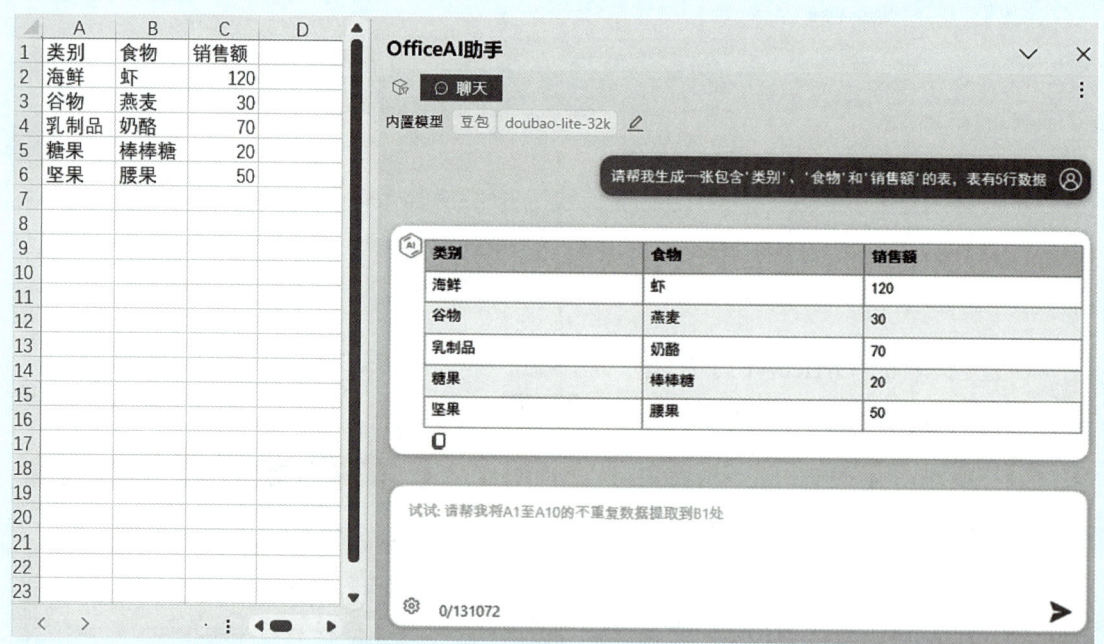

图 4-5 OfficeAI 创建的表格

2. 设置表格样式

（1）在对话框中输入操作表格的指令，例如输入"为表格添加所有边框线"，按 Enter 键执行指令，OfficeAI 将根据输入的指令编写代码，完成脚本环境初始化，并执行代码，生成预览效果。

（2）点击"保留"按钮，OfficeAI 将会把指令生成的效果应用到表格中，如图 4-6 所示。

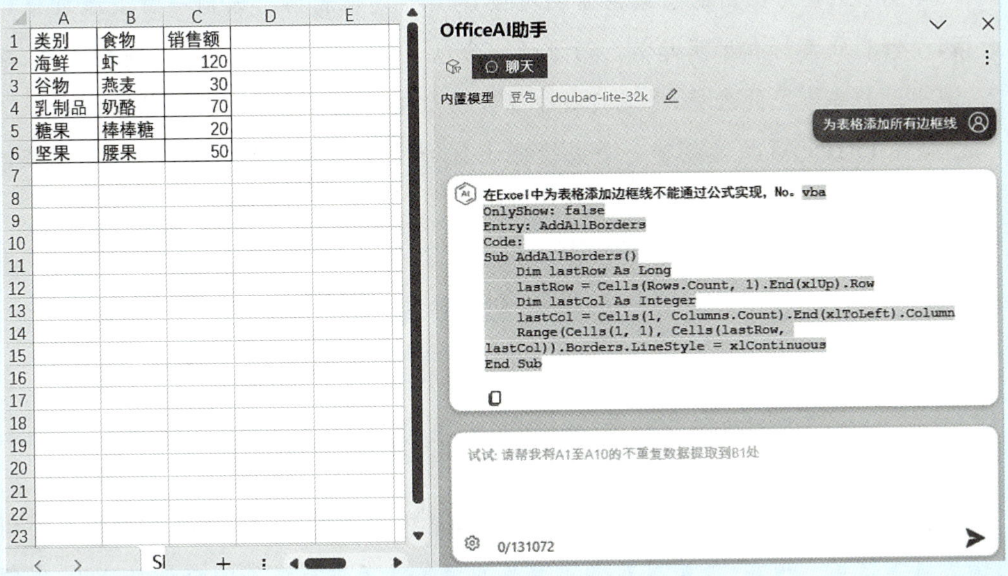

图 4-6　OfficeAI 自动添加表格边框

（3）在"OfficeAI 助手"对话框中继续输入操作指令，例如输入"调整表格行高为 20 磅"，按 Enter 键，OfficeAI 将根据输入的指令调整表格行高，如图 4-7 所示。

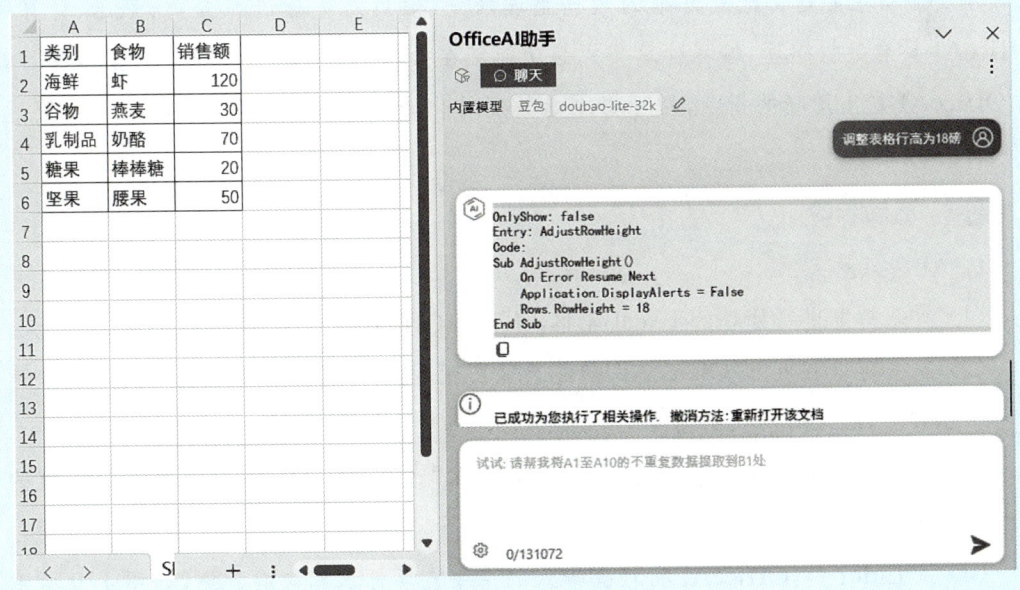

图 4-7　OfficeAI 自动调整表格行高

同步实训

1. 假设你正在为昆山的一家昆曲剧院设计演出数据表格。该剧院希望通过分析演出数据，了解观众喜好和票房趋势。请设计一个包含演出日期、演出剧目、观众人数、票房收入、演出时长等字段的表格，并确定每个字段的数据类型和合理的排列顺序。

2. 使用 OfficeAI 快速创建一个成绩统计表，统计全班学生各学科的期中考试成绩。

活动二　处理数据

活动描述

小明拿到了一份杂乱无章的销售数据表格，其中包含了不同区域、不同产品的销售额、销售量等信息。现在，他需要对各类商品的销售状况进行详细的统计与分析，以便为各大厂商是否需要调整生产比例提供有力的决策支持。借助 OfficeAI 的数据处理功能，小明迅速且高效地完成了这项任务。

活动分析

本次活动主要是将比较复杂的数据整理清楚，然后对数据进行分类、汇总、计算等。OfficeAI 具有数据整理、编写计算公式等功能。在操作时，只需要明确数据整理的目标，给 OfficeAI 发出清晰的指令，即可将原始数据转化为具有分析价值的信息，为决策过程提供有力的数据支持。

活动步骤

1. AI 条件格式

（1）打开需要进行处理的 Excel 表格，并登录 OfficeAI 账号。

（2）点击窗口右上方"OfficeAI"功能选项按钮，打开"OfficeAI 助手"对话框，快速创建一个销售额统计分析表，如图 4-8 所示。

（3）在对话框中输入条件格式命令，例如输入"请将 D2:D6 列中销售额最大值的背景标记为黄色"。

（4）按 Enter 键，OfficeAI 将根据输入的指令自动标识相应的数据，如图 4-9 所示。

（5）点击"完成"，将条件格式应用到电子表格中。

项目四　用人工智能处理表格

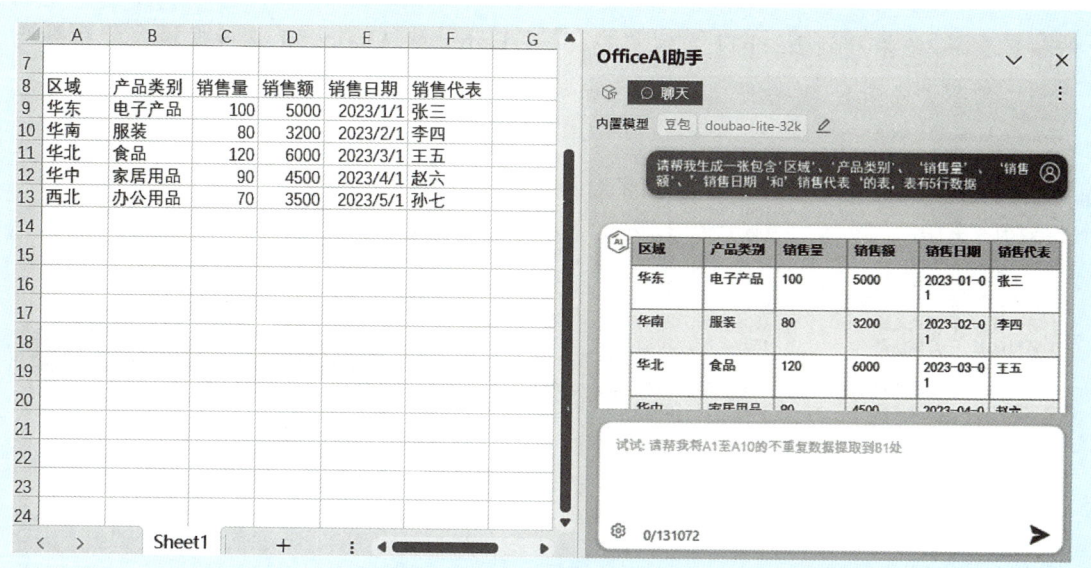

图4-8　销售额统计分析表

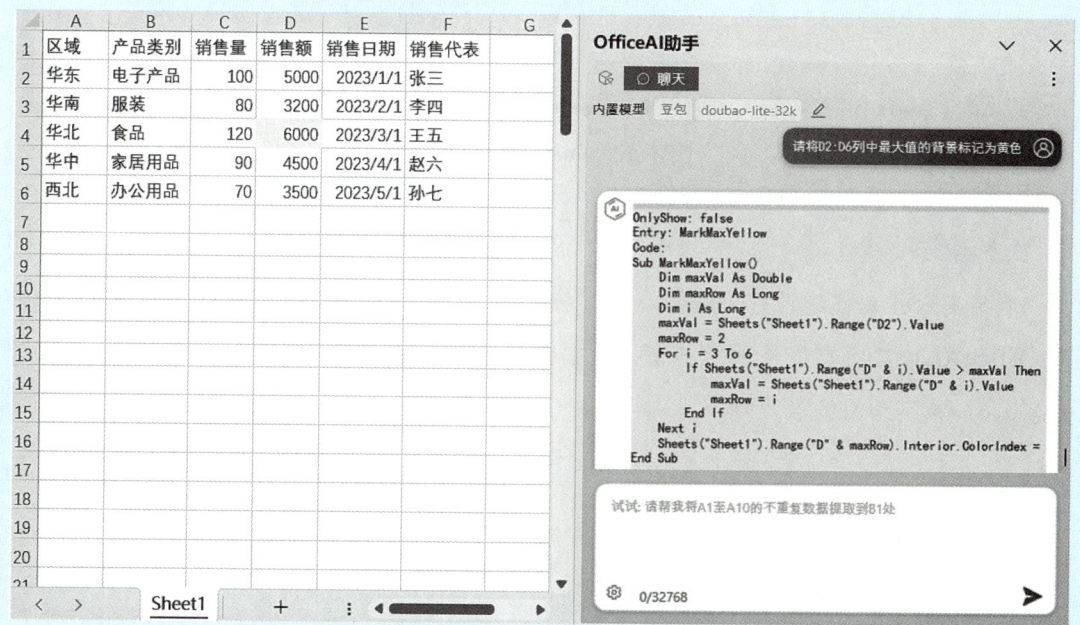

图4-9　OfficeAI条件格式标识效果

2. AI生成公式

(1) 将光标定位到需要输入计算公式的单元格。

(2) 点击电子表格窗口右上方"OfficeAI"按钮，打开OfficeAI助手对话框。

(3) 在对话框中输入需要实现计算的操作指令，例如输入指令"请帮我计算C2:D11

95

的销售总额,结果放到 F2:F11 单元格中。",按 Enter 键,OfficeAI 将根据输入的指令生成相应的公式或函数,并自动完成计算,如图 4-10 所示。

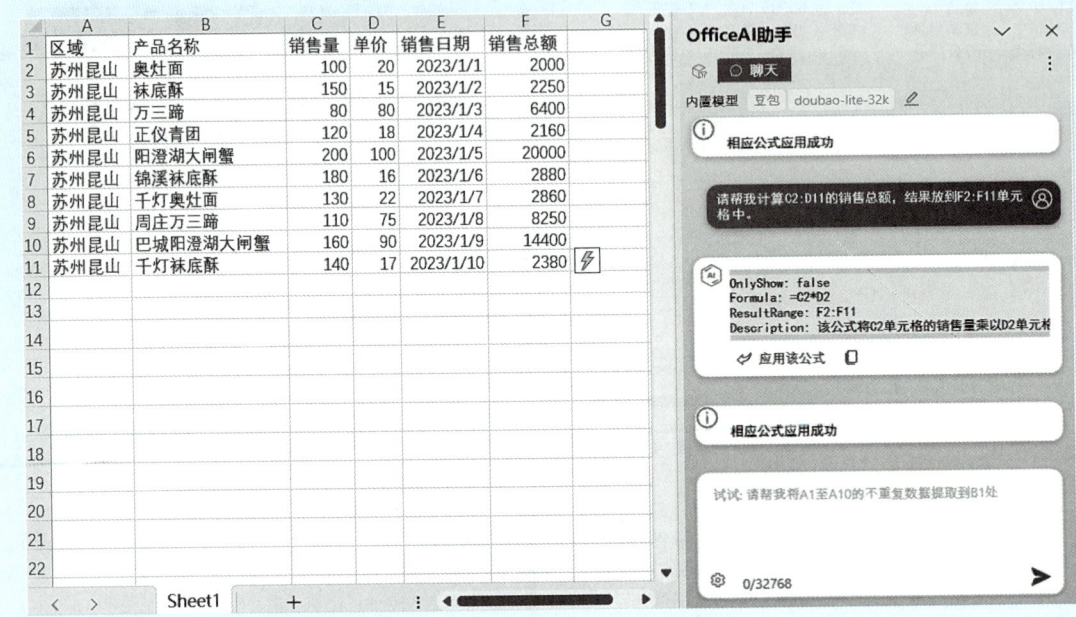

图 4-10 OfficeAI 生成公式

同步实训

利用 Excel 表格统计班上同学参与学校社团活动的考勤率、任务完成度等数据,并运用 OfficeAI 计算所有成员的综合评分(综合评分＝出勤次数占比×0.4＋任务平均得分×0.6),验证结果的准确性。

活动三 │ 可视化数据

活动描述

小明拿到了一份关于苏州昆山特色产业的数据表格,其中包含了不同区域(如昆山各个乡镇)、不同特色产品(如阳澄湖大闸蟹、周庄古镇旅游收入等)的相关数据,如销售额、销售量、游客接待量等信息。现在,小明需要借助 OfficeAI 强大的数据处理功能,对苏州昆山各类特色商品及产业的销售状况和发展态势进行详细的统计与分析。通过这一过程,为各大厂商以及相关产业部门是否需要调整生产比例、加强旅游推广等提供有力的决策支持,让大家更清晰地了解苏州昆山特色产业的现状与未来发展趋势,推动苏州昆山特色经济的持续繁荣。

活动分析

OfficeAI 具备自动生成图表的能力,能够实现数据的可视化表达,提供多种数据呈现形式。它能够智能识别数据特征并分析内在逻辑,根据数据类型自动推荐合适的图表形式,例如,使用柱状图来展现对比数据差异,使用折线图来呈现数据趋势等。用户只须进行简单操作或输入需求描述,便能迅速生成合适精美的图表。

活动步骤

1. AI 自动生成图表

(1) 打开需要进行数据处理的 Excel 表格,并登录 OfficeAI 账号。

(2) 点击电子表格窗口右上方"OfficeAI"按钮,打开 OfficeAI 助手对话框。

(3) 在对话框中输入绘制图表的指令,例如输入"结合表格,绘制出销售量的柱状图",如图 4-11 所示。

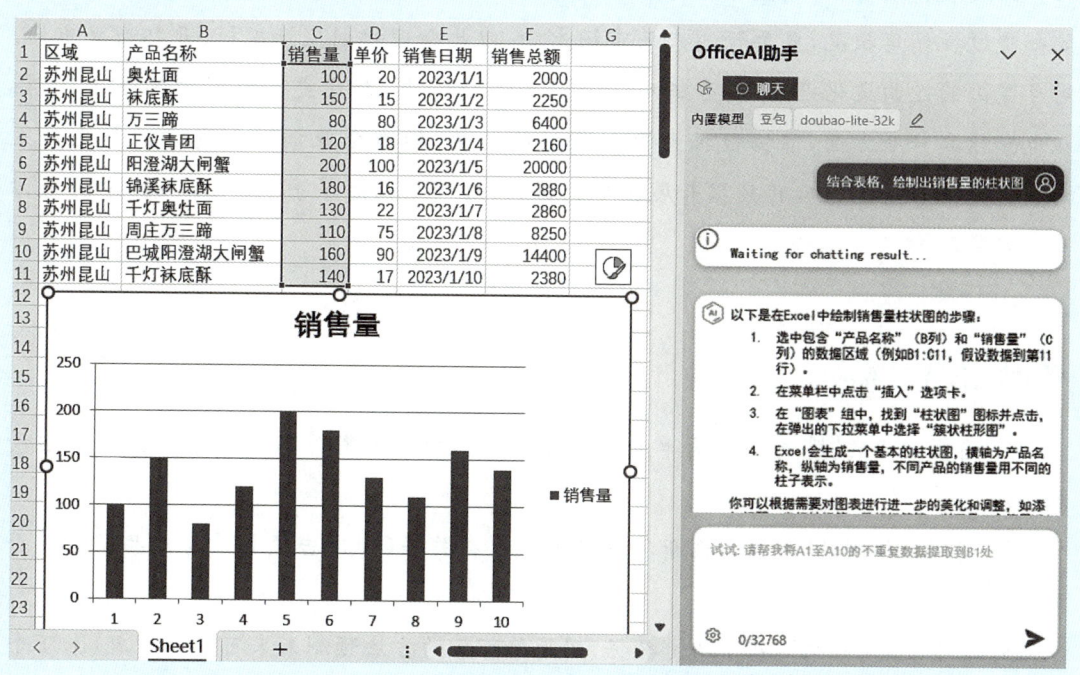

图 4-11　OfficeAI 绘制柱状图

同步实训

根据之前处理好的苏州丝绸销售数据和昆山昆曲演出数据,选择合适的可视化工具和图表类型,分别制作能展示以下信息的图表。

1. 苏州丝绸不同销售渠道的销售额对比(用柱状图)。
2. 昆山昆曲演出观众人数随季度的变化趋势(用折线图)。
3. 苏州丝绸各类产品的销售利润占比(用饼图)。

任务二 深度分析数据

任务情境

在完成数据处理和初步可视化后,无论是苏州的产业规划者,还是昆山的文化传承与产业发展推动者,都期望深度挖掘数据背后隐藏的信息。以苏州丝绸产业为例,不仅要知晓过往销售状况,更要预测未来市场走向,以此合理规划生产规模、开拓新兴市场。对于昆山的昆曲文化产业,需分析观众喜好与市场需求,制定更具吸引力的演出计划;在电子信息产业方面,依据数据预测行业发展趋势,助力企业调整研发方向与生产策略。这就要求对处理后的数据开展深度剖析,通过模型构建等手段,探寻数据中的规律与潜在关联。

任务目标

1. 看懂数据的"脾气":用简单的方法了解一组数据的整体特征(如平均水平、波动幅度)。
2. 发现数据间的"关系":判断两件事是否存在关联(如广告投放量与产品销量是否正相关)。
3. 学会"预测未来":基于历史数据,用简单可靠的方法预测未来可能的情况(如下个月的销量)。

 知识准备

一、了解数据分析方法

1. 描述性统计分析：计算数据的均值、中位数、众数、标准差等统计量，了解数据的集中趋势、离散程度等基本特征。例如，计算学生成绩的平均分可了解学生的整体水平，计算成绩的标准差可反映成绩的波动情况。

2. 相关性分析：使用皮尔逊相关系数等方法分析两个或多个变量之间的线性相关程度。比如分析广告投入与产品销售额之间是否存在相关性。

二、相关性分析

1. 线性回归模型：了解线性回归的原理，其用于建立一个变量（因变量）与一个或多个其他变量（自变量）之间的线性关系。例如，根据房屋面积、房龄等自变量预测房屋价格。

2. 时间序列分析：对于按时间顺序排列的数据，如每月的销售额、每年的利润等，可使用时间序列分析方法预测未来值。

三、模型评估指标

1. 均方误差（MSE）：用于衡量预测值与真实值之间误差的平均平方大小，MSE 越小，模型预测越准确。

2. 平均绝对误差（MAE）：计算预测值与真实值误差绝对值的平均值，反映预测值的平均误差程度。

活动一 分析数据

 活动描述

学生运用描述性统计分析、相关性分析和探索性数据分析等方法，对已处理的数据进

行深入剖析。例如,对苏州丝绸销售数据计算均值、标准差等统计量,分析销售渠道与销售额之间的相关性,并通过绘制箱线图和直方图探索数据分布。

💡 **活动分析**

深入分析数据能帮助学生发现数据背后隐藏的规律和关系。描述性统计分析提供数据的基本特征,相关性分析揭示变量之间的关联,探索性数据分析则能发现数据中的异常值和潜在模式,为后续预测建模提供依据。

🧠 **活动步骤**

1. AI 自动生成图表

(1) 打开需要进行数据处理的 Excel 表格,并登录 OfficeAI 账号。

(2) 点击电子表格窗口右上方"OfficeAI"按钮,打开 OfficeAI 助手对话框。

(3) 在对话框中输入绘制图表的指令,例如输入"结合表格,绘制出销售量的柱状图",如图 4-12 所示。

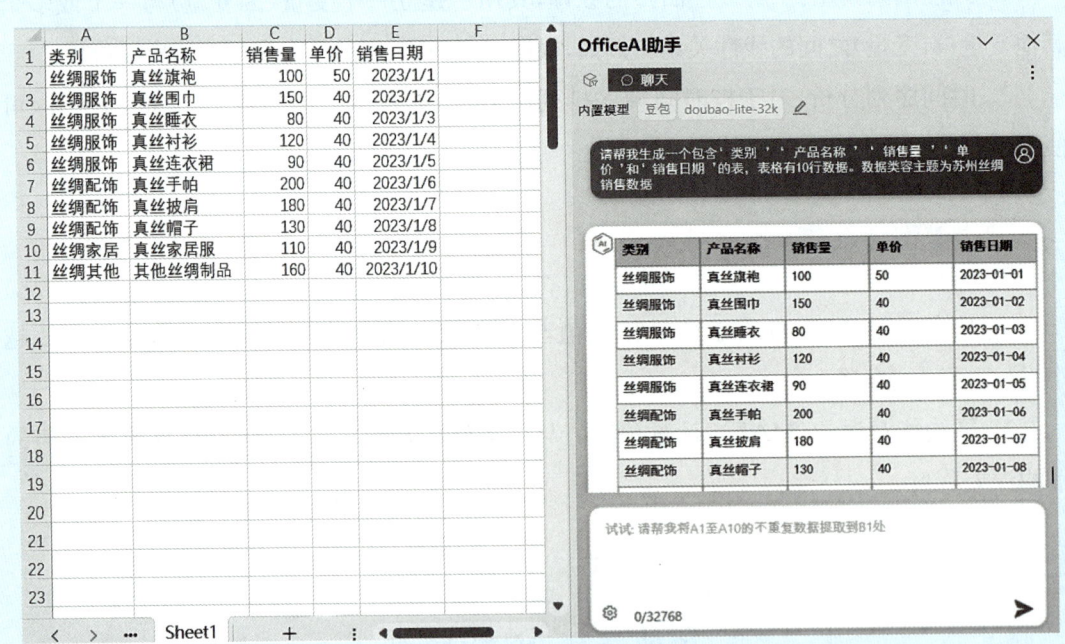

图 4-12 苏州丝绸销售数据

(4) 在对话框中输入数据分析的指令,例如输入"请统计 C2:C11 的平均值",如图 4-13 所示。

项目四 用人工智能处理表格

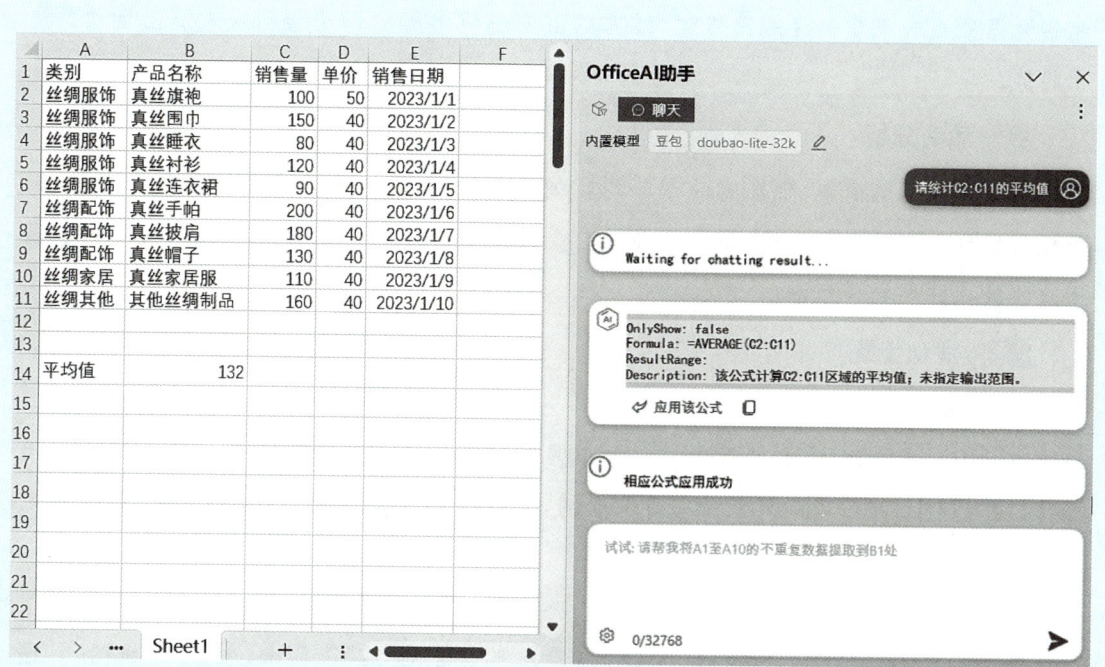

图 4-13 OfficeAI 条件计算平均值

同步实训

利用之前处理的昆山电子信息产业数据，进行以下分析。

1. 计算电子产品产量、出口量、企业研发投入等数据的描述性统计量，并分析数据分布特征。

2. 分析企业研发投入与产品出口金额之间的相关性。

3. 通过绘制箱线图和直方图，探索数据中的异常值和分布模式。

活动二 | 预测并分析趋势

活动描述

学生根据数据特点选择合适的预测模型，如线性回归模型或时间序列模型，对历史数据进行训练，构建预测图表，并利用图表对未来数据进行预测。例如，根据苏州丝绸历史

101

销售数据预测未来几个月的销售额,根据昆山昆曲演出历史场次预测未来演出场次的变化趋势。

活动分析

苏州丝绸闻名遐迩,现在有一家苏州丝绸企业,想知道未来几个月的丝绸销售额,以便提前规划生产、安排资金。现已掌握该企业过去一年的月度丝绸销售数据,接下来就基于这些数据开展销售预测。

活动步骤

1. 数据整理

打开 Excel 软件,将企业过去一年每个月的丝绸销售数据录入表格。每一行对应一个月,一列记录月份,另一列记录当月的丝绸销售额。录入完成后,仔细检查数据,确保无录入错误。

2. 绘制历史销售图表

选中月份和销售额两列数据,在 Excel 菜单栏点击"插入"选项卡,选择"折线图"。通过折线图,可以清晰看到过去一年丝绸销售额的变化情况,例如识别销售旺季与淡季,判断整体销售额是增长、下降还是平稳波动。

3. 模型评估与优化

观察绘制好的折线图,尝试初步预测。若过去一年销售额呈现季节性波动,例如每年春秋季销售额较高,可以参考往年同期数据预估未来几个月中对应季节的销售额;若销售额整体呈上升趋势,就可以预估未来几个月销售额在之前的基础上会有所增加。当然,这只是简单的预测方法,实际应用中还可以使用更专业的手段。

4. 趋势分析与结果呈现

(1) 根据预测结果使用 OfficeAI 助手绘制趋势图,展示未来数据的预测趋势。

(2) 结合分析和预测结果,撰写分析报告,为决策提供建议。例如,根据销售趋势预测结果,建议企业提前增加库存或调整生产计划。

(3) 在对话框中输入绘制图表的指令,例如,输入"结合表格,根据 C2:C11 的值预测并生成 2025 年产品销售量柱状图,横轴为 B2:B11 的值,标题为'各产品销售量'",如图 4-14 所示。

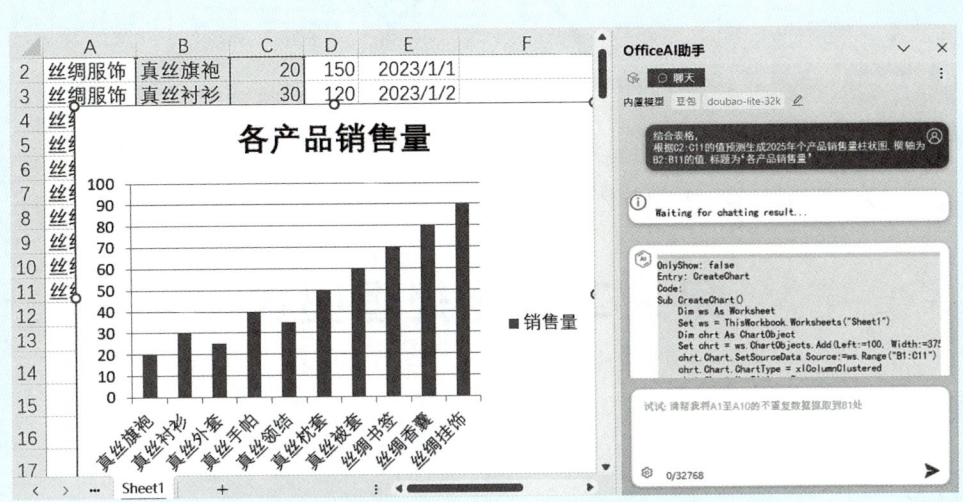

图 4-14　OfficeAI 预测各产品销售量

同步实训

1. 基于苏州丝绸过去一年的月销售额数据，使用时间序列分析方法（如 ARIMA 模型）预测未来三个月的销售额。

2. 根据昆山电子信息企业过去五年的研发投入和产品产量数据，建立线性回归模型预测下一年的产品产量。对模型进行评估和优化，并根据预测结果为企业提出研发投入的调整建议。

项目五

用人工智能处理图像

进入 21 世纪,人工智能技术的突破为图像处理领域带来了革命性变革。深度学习模型,尤其是卷积神经网络(CNN)的广泛应用,使图像的识别、分类和生成取得了跨越式进展。这些算法能够从海量数据中学习图像特征,精准识别物体、场景甚至情感,在医学影像分析、安防监控、自动驾驶等领域展现出巨大潜力。

随着计算能力的提升和大数据的积累,人工智能在图像处理中的应用更加多元化。生成式 AI 技术(如 AIGC)的兴起,不仅能智能化修复、增强图像,还能根据文本提示或创意构思,自动生成栩栩如生的图像内容。无论是影视特效制作、广告设计,还是个性化艺术创作,AI 生成的图像正开启人机协作创造视觉奇迹的新篇章。

任务一 文本生成图像

任务情境

在人工智能技术深度赋能创意产业的背景下,掌握文本生成图像技术已成为数字创意人才的核心竞争力。熟练使用生成式人工智能工具后,创作者能轻松解决搜集、处理图像的烦恼。本次任务中,创作者可通过设计精准的提示词(文本)驱动生成式 AI 完成图像的主题创作。

 **任务目标**

1. 深入理解不同创作平台中 AI 图像处理工具在文字配图流程中的常规操作步骤。
2. 熟练掌握文字配图的方法与技巧,精准生成契合文字内容的高质量图片。
3. 切实体会人工智能为生活、学习及工作带来的便捷性,并能将其应用于实际场景。

 **知识准备**

一、了解 AI 文本生成图像的简单原理

文本生成图像是基于深度学习和神经网络技术,通过学习阶段、编码阶段、解码阶段和优化阶段四个主要阶段来实现的。

1. 学习阶段

在这一阶段,AI 需要学习识别物体,这通常需要大量的图片和文字来训练 AI,使得 AI 能够理解并识别各种概念,例如"猫""车""飞行"等具体或抽象的事物。

2. 编码阶段

将输入的描述性文字进行转化,将其变为一种中间表示形式,常见的是转化为数值信息。这一转化过程被称为文本编码,它能够让机器理解和处理人类的自然语言,从而架起人类语言与机器处理之间的桥梁。

3. 解码阶段

根据中间表示形式生成相应的图像。在解码环节,可借助生成对抗网络(GAN)、变分自编码器(VAE)等生成模型技术,将数值化的编码信息转化为具体的视觉图像。

4. 优化阶段

生成器和判断器会不断进行博弈。而判别器则不断挑出其中的不足,这种反复训练让 AI 生成的图像质量逐步提高,越来越逼近理想的效果。

总之,文本生成图像的技术结合了深度学习和自然语言处理的强大功能,使得机器能够根据描述性文字设计出相应的图片。该技术的发展不仅提高了视觉创作的效率,也为

艺术创作、营销、娱乐等多个领域带来了新的可能性。

二、认识创作平台

在当今数字化浪潮中，AI 技术不断突破创新，文本生成图像工具更是如雨后春笋般涌现，为创意领域带来了全新变革与无限可能。下面来介绍极具代表性纳米 AI、即梦 AI 和艾绘 AI 等创作平台。

1. 纳米 AI 创作平台

纳米 AI 创作平台是 360 集团于 2024 年 11 月正式推出的一款多模态内容创作引擎，它支持文字、语音、拍照、视频等多种搜索方式，集成了 DeepSeek-R1 等国内主流大模型，旨在为用户提供智能化、个性化的搜索与创作体验。

纳米 AI 创作平台是一款聚焦中式美学的国风 AI 绘画工具，致力于为艺术家及创作者构建智能化创作生态。平台深耕中国文化与审美，用户通过文字描述即可生成蕴含传统韵味的绘画作品，涵盖山水、花鸟、人物等多元题材。平台配备丰富的创作工具、风格模板及素材库，支持个性化创意表达；同时搭建创作者交流社区，提供作品展示与互动空间。用户登录平台后，直观的操作界面可助力其便捷实现从灵感构思到国风佳作的转化，使平台成为连接传统艺术与现代科技的创新桥梁。使用时，需要在计算机中下载纳米 AI 创作平台软件并安装，打开软件并登录后即可在操作界面进行创作，如图 5-1 所示。

图 5-1　纳米 AI 创作平台界面

2. 即梦 AI 创作平台

即梦 AI 创作平台是字节跳动旗下于 2024 年 5 月重磅推出的一站式智能创作平台,它支持文字生成图片、文字生成视频及图片生成视频,致力于激发用户创意、提升创作效率。平台集成了智能画布、故事创作模式等工具,用户通过输入简单提示词即可生成高质量的图像或视频,且动效流畅自然。该平台为社交媒体等领域提供了高效的创意解决方案,推动 AI 技术与艺术创作的深度融合。

即梦 AI 创作平台拥有良好的语义理解能力,它能根据中文提示词进行创作,准确把握创作者的需求,并将抽象的思路转化为视觉作品。使用时,只需要注册即梦 AI 创作平台,登录后即可在操作界面进行创作,如图 5-2 所示。

图 5-2 即梦 AI 创作平台界面

3. 艾绘 AI 创作平台

艾绘 AI 创作平台是湖南艾游互动科技有限公司于 2024 年推出的一站式 AI 绘本创作平台,依托多模态大模型与工业化生产管线,为全球用户提供从故事构思到成品输出的全链路解决方案。平台以"让创作回归想象"为核心理念,输入故事梗概即可生成 4K 分辨率插画,支持水彩、国风等 28 种艺术风格。作为专注于使用 AI 技术创作儿童绘本创作的平台,艾绘 AI 创作平台提供了文生图、文生视频、图生图、背景生成和涂鸦绘画等创新工具,用户可借此创作出独特的个性化绘本。平台提供多样化的故事类型,包括魔法冒险、动物友谊、科普知识、历史传说等,旨在通过寓教于乐的方式,激发创作者的想象力、创造力和学习兴趣,让创作者在阅读中学习和成长。

艾绘 AI 创作平台还深度整合了豆包等大模型的多模态交互能力与 DeepSeek 深度求索的高性能推理技术，构建"智能生成-高效协作-商业落地"全链路生态，成为《2025 中国数字创意工具 Top 50》中唯一搭载双引擎的创新平台。用户使用时，只需在艾绘 AI 创作平台完成账号注册并登录，即可进入可视化操作界面，开启创作之旅，艾绘 AI 创作平台界面如图 5-3 所示。

图 5-3　艾绘 AI 创作平台界面

活动一 ｜ 绘制古诗场景

 活动描述

在公司精心策划的"童声古韵，每日一诗"儿童学古诗系列活动里，为使古诗图文并茂，创作者需为每首诗配意境图。借助纳米 AI 创作平台，大家创作灵感泉涌，凭借其强大功能轻松勾勒古诗中场景，配图工作得以出色完成。

活动分析

苏州寒山寺始建于南朝萧梁时期,因唐代诗人张继的《枫桥夜泊》而闻名,寺内古迹众多,钟声悠远,是江南佛教文化与诗情意境的交融之地。为《枫桥夜泊》这首古诗配图时,需抓住"月落乌啼霜满天,江枫渔火对愁眠"的核心意象:画面以清冷的秋夜为基调,近景描绘枫桥侧卧江面,霜雾笼罩的江枫与渔火相映;远景勾勒寒山寺飞檐与佛塔在月光下的朦胧轮廓,一只孤鸦掠过江面,钟声仿佛在寂静中回荡。整体通过幽蓝与暖黄的色调对比,再现诗人漂泊异乡的孤寂愁思与空灵禅意。

活动步骤

1. 设置图片尺寸比例

(1)登录纳米 AI 创作平台。下载并安装纳米 AI 软件后,打开应用程序进行注册。完成注册并登录后,系统将自动跳转至纳米 AI 创作平台主界面。然后点击纳米 AI 创作平台首页左侧的"AI 画图"按钮,进入创作画布界面,如图 5-4 所示。

图 5-4 纳米 AI 创作画布界面

(2)设置图片尺寸比例。若需设置图片尺寸,首先点击界面中的"文生图"按钮,进入图片编辑界面后,在画布左侧工具栏中找到并点击"比例"选项,待尺寸选择框弹出后,选取 3∶4 的图片尺寸比例,具体操作如图 5-5 所示。

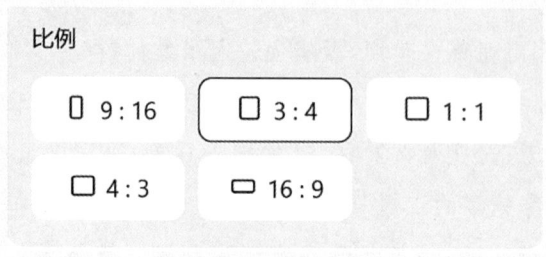

图 5-5　选择图片尺寸比例

2. 设置图片风格

(1) 打开图片风格。点击中部菜单栏的"风格"按钮,打开"自动推荐"对话框,在纳米 AI 创作平台中设置图片风格。可选择的风格丰富多样。例如:"3D 渲染"风格可赋予图像逼真的空间感与层次感;"赛博朋克"风格融合了科技感与未来感,常以霓虹色调、机械元素和都市夜景为特色,营造出充满科幻氛围的视觉效果;"油画"风格则模仿传统油画的笔触与色彩质感,使图像呈现出艺术画作般独特韵味,笔触细腻且富有表现力;"水墨"风格展现了中国传统水墨画的风格,以黑白灰为主色调,通过浓淡、干湿的笔触,传递出典雅且意境深远的东方美学;"春日生花"风格则聚焦春天的花卉与生机元素,画面中常现盛开的花朵与柔和的色调,营造出清新、明媚的春日氛围。

(2) 设置图片风格。在纳米 AI 中设置图片风格时,点击界面菜单栏的"风格"选项,选择列表中的"水墨"风格,并将其应用为古诗配图的背景风格,即可完成图片风格设定,具体操作效果如图 5-6 所示。

3. 输入描述词并生成图片

(1) 输入描述词。在如图 5-7 所示的"创意描述"文本框中,输入描述词:"画面以清冷的秋夜为基调,近景描绘枫桥侧卧江面,霜雾笼罩的江枫与渔火相映;远景勾勒寒山寺飞檐与佛塔在月光下的朦胧轮廓,一只孤鸦掠过江面,钟声仿佛在寂静中回荡。整体通过幽蓝与暖黄的色调对比,再现诗人漂泊异乡的孤寂愁思。"在图片中还可要求添加古诗词"《枫桥夜泊》,作者唐·张继。月落乌啼霜满天,江枫渔火对愁眠。姑苏城外寒山寺,夜半钟声到客船。"

(2) 生成图片。在纳米 AI 创作平台生成图片时,只须点击界面上的"生成"按钮,平台便会自动生成四张图片,具体效果如图 5-8 所示。

图 5-6　选择图片风格

图 5-7　"描述词"文本框

图 5-8　生成的图片

(3) 查看图片。若需查看图片,在界面中点击对应生成的图片,即可查看根据古诗《枫桥夜泊》生成的图片效果,具体呈现效果如图 5-9 所示。

图 5-9　生成的图片效果

(4) 保存图片。在纳米 AI 中保存图片时,只须在界面中点击"下载"按钮,即可将图片保存至本地设备。

(5) 消除水印。右键点击图片,在弹出的菜单中找到"更多工具",然后选择"图片编辑"。在如图 5-10 所示编辑界面中寻找"魔法消除"按钮,点击"魔法消除"后,框选需要删除的水印:"纳米 AI 搜索",最后点击"消除水印"按钮,将水印去除,并尽可能地修复和还原水印所在位置的图片背景,使图片恢复干净整洁的状态,如图 5-11 所示。

（6）审核图片。利用 AI 自动生成的图片很可能存在不合常理的地方，须要仔细审核并调整。例如，图 5-11 中孤鸦的尺寸过大，应适当予以缩小，读者可自行尝试。

图 5-10　消除水印

图 5-11　消除水印后的图片

同步实训

1. 选择一首自己熟悉的古诗，根据古诗的意境，尝试使用不同的 AI 创作平台去创作一幅图片，然后与同学们交流创作过程。

2. 通过使用 DeepSeek＋纳米 AI 创作平台绘制不同风格的图片，并说一说你的创作过程及体会。

活动二　绘制插画

活动描述

在图书出版领域，封面被誉为"灵魂之窗"。公司每推出新书或重要文集时，封面设计始终是重中之重。为打造吸睛且能激发阅读兴趣的封面，创作者往往投入大量时间打磨插图。近期，创作者借助即梦 AI 创作平台辅助设计，通过智能工具的高效协作，快速设计了多幅风格独特的封面插图。这些融合创意与科技的封面一经推出，便凭借其新颖的视觉呈现和精准的主题表达，赢得广泛喜爱，成功提升了图书的市场吸引力与传播效果。

活动分析

苏州拙政园作为江南古典园林的杰出代表，始建于明朝正德年间，由御史王献臣归隐后所建。园林占地78亩，以水为中心，巧妙融合自然山水与精巧建筑，布局疏朗开阔，极具江南水乡风情。园内的荷花池夏日荷花摇曳生姿，清香四溢；假山错落有致，仿佛天然的迷宫；亭廊典雅古朴，是赏景休憩的绝佳之处。

借助即梦AI创作平台，为《苏州拙政园》系列丛书设计封面插画时，着眼于儿童视角，选取荷花池、假山、古亭等标志性园林场景作为背景。穿汉服的小女孩怀抱小白兔，与灵动的翠鸟等萌宠一同欢乐嬉戏。运用数字工具勾勒简洁线条，以鲜艳的青绿山水色调描绘拙政园的秀丽景致，卡通动物形象的加入则增添了活泼氛围。既能展现拙政园的古典韵味，又借童趣互动激发读者的想象力。

活动步骤

1. 设置画板尺寸

（1）登录即梦AI创作平台。启动浏览器，打开即梦AI创作平台主页，注册并登录。

（2）进入即梦AI主创作菜单。点击"AI作图"区的"智能画布"按钮，如图5-12所示。

图5-12　即梦AI主创作菜单

（3）画板参数设置。在智能画布创作页面，点击界面中的"画板调节"按钮，即可对画板的尺寸与比例进行设置，具体操作如图5-13所示。

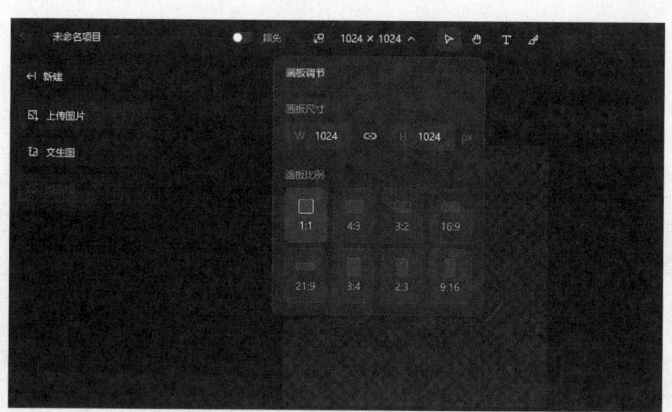

图 5-13 画板参数设置

2. 设置图片参数

（1）选择模式。点击创作页面左侧的"文生图"按钮，进入文字生成图片的设置页面。

（2）输入描述词。在如图 5-14 所示"描述词"文本框中，输入描述词："穿汉服的小女孩怀抱小白兔，与灵动的翠鸟等萌宠一同欢乐嬉戏。运用数字工具勾勒简洁线条，以鲜艳的青绿山水色调描绘拙政园的秀丽景致，卡通动物形象的加入则增添了活泼氛围。既能展现拙政园的古典韵味，又借童趣互动激发读者的想象力。"

（3）设置图片参数。对图片参数进行设置时，选用生态模型图片 3.0，将精细度调整为 5 级。同时，设定生成图片的尺寸为 1 024×1 024 像素，比例为 1∶1，具体设置操作如图 5-15 所示。

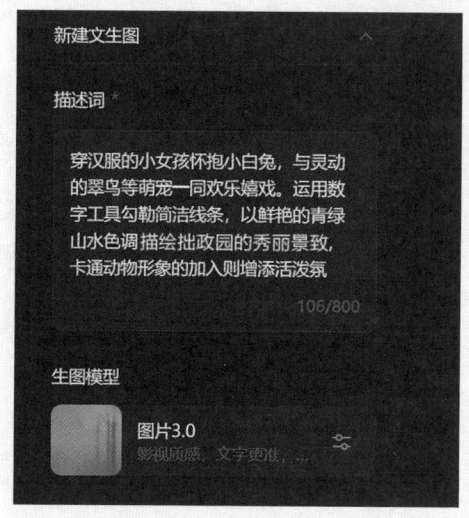

图 5-14 "描述词"文本框

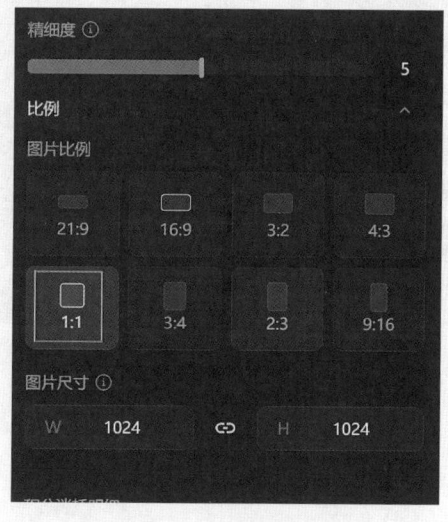

图 5-15 设置图片参数

3. 导出生成图片

（1）生成图片。点击"立即生成"按钮，生成图片，平台会生成四张图片，通过点击图片缩略图，可以查看整张图片的生成效果，如图5-16所示。

图 5-16　生成的图片效果

图 5-17　添加图片文字

（2）导出图片。点击界面中的"导出"按钮，在弹出的导出参数设置窗口中配置图片参数。然后点击"下载"按钮，将图片保存到本地存储器。

4. 修改图片

如果对平台生成图片的局部效果不太满意，可借助平台提供的工具，轻松地完成文字添加、图片修整和扩图等操作。

（1）添加图片文字。选择工具栏中的文字工具，输入文字：苏州拙政园。然后利用文字工具，调整文字的颜色、字体和字号等参数，如图5-17所示。

（2）局部重绘。如果希望将图中奔跑的小兔子换成小狗，可点击图片修整工具条中的"局部重绘"，在重绘窗口，用画笔工具涂抹小兔子所在区域，输入重绘的生成描绘词，如图5-18所示。

图 5-18　局部重绘操作窗口　　　　图 5-19　局部重绘效果

完成后点击"局部重绘"按钮，平台会生成两幅效果图供用户选择，选择其中最合适的图片，点击"完成编辑"按钮，如图 5-19 所示。

（3）扩图。当图片（如图 5-20 所示）尺寸小于画布尺寸的时候，可以通过扩图操作，让 AI 自动生成扩充部分，从而将图片扩充成画布大小。操作时，点击图片修整工具中的"扩图"按钮，调整扩图区域，输入扩图部分的描述生成词："园内的荷花池，夏日荷花摇曳生姿，清香四溢；假山错落有致，仿佛天然的迷宫；亭廊古朴典雅，是赏景休憩的绝佳之处。"若不输入描述词，将基于原图生成。

点击"扩图"按钮，平台会生成四幅效果图供用户选择，选择最合适的图片，点击"完成编辑"按钮，如图 5-21 所示。

图 5-20　扩图前原图　　　　　　　图 5-21　扩图后的效果

（4）消除笔。如果想去除生成图片里的某些元素，例如亭台中的荷叶和荷花，用消除笔工具即可。操作如下：点击图片修整工具条中的"消除笔"按钮，在设置页面，选择"快速选择"工具，然后在画面中涂抹选中荷叶和荷花。涂抹选择完成后，点击"消除"按钮，即可消除选择的对象，如图 5-22 所示，确认后，点击"完成编辑"按钮。

图 5-22　使用消除笔工具效果

同步实训

1. 尝试自己设计书刊封面或海报，然后与同学们交流创作过程。

2. 通过使用 DeepSeek + 即梦 AI 创作平台，完成一幅精美的中秋节节日海报，并说一说你的创作过程和体会。

活动三｜编写故事绘本

活动描述

本次绘本创作聚焦经典名著主题，旨在通过图文结合的形式呈现完整故事，为读者打造沉浸式阅读体验。创作者充分发挥创意，巧妙融合经典名著的精彩情节，依托艾绘 AI

创作平台的智能辅助,精准捕捉故事的关键场景。每幅图画均搭配凝练生动的文字,两者相辅相成,既保留了名著的文化底蕴,又贴合读者的认知视角。创作者通过艾绘 AI 创作平台的高效协作,圆满完成这次充满创意的绘本创作任务,让经典故事以全新的形式绽放光彩。

活动分析

《哪吒之魔童闹海》作为 2025 年春节档备受瞩目的奇幻动画电影。紧扣"逆天改命"与"责任担当"的主线叙事。影片上映后,实现票房与口碑双丰收,展现出巨大的文化影响力,缔造了惊人的纪录,成为热门文化现象。因影片大爆,相关衍生创作备受瞩目,其中绘本创作便是重要的部分。

绘本借助精美的画面和简洁的文字,娓娓讲述一个完整故事。在使用艾绘 AI 创作绘本时,只须在输入框中输入清晰、具体的提示词,点击创作按钮,就能快速生成完整的故事文案,呈现清晰的情节脉络。随后,AI 会自动拆解分镜头,针对每个关键场景,详细描述场景环境、角色动作和光线氛围,让画面跃然纸上。以创作"哪吒学艺"的故事绘本为例,不妨在这个经典叙事中深入探寻其精神内核——突破偏见束缚的抗争意识、面对困境时的坚韧意志,以及在自我认同过程中展现的成长力量,这正是值得通过绘本创作传递给读者的精神火种。

活动步骤

1. 输入提示词并进行故事文案创作

(1) 登录艾绘 AI 创作平台。启动浏览器,打开艾绘 AI 创作平台主页,完成注册并登录后,进入艾绘 AI 创作平台界面,如图 5-23 所示。

图 5-23 艾绘 AI 创作平台界面

（2）输入提示词。点击"创作绘本"按钮，在如图 5-24 所示的艾绘 AI 绘本创作提示词界面，用自然语言输入绘本故事创作提示词，简洁描述故事核心元素，字数控制在 50 字以内。"哪吒学艺"绘本故事的提示词："《哪吒学艺》绘本四大经典场景，哪吒乾元山拜师、驯服混天绫、掌控乾坤圈、携双宝荣归陈塘关震慑妖魔。"

图 5-24 艾绘 AI 绘本创作提示词界面

在艾绘 AI 绘本创作提示词界面下方，选择"奇幻世界"创作类型，将语言设置为"中文"，并指定字数为 200 字。

图 5-25 DeepSeek 深度思考后生成的大纲

（3）开启 DeepSeek 深度思考创作模块。点击"DeepSeek 深度思考"智能工具模块，该工具借助多维度语义分析技术，依据绘本特有的叙事逻辑，自动生成包含角色设定、场景脉络与情感节奏的完整故事大纲，为绘本创作奠定结构化基础，具体生成效果如图 5-25 所示。

2. 角色镜头设置

（1）角色分析。点击"下一步"，系统自动分析如图 5-26 所示的《哪吒学艺》故事角色，并完善提示词。

主角哪吒设定为粉色皮肤、系着红肚兜,性格活泼勇敢但有时急躁冲动;配角太乙真人则是仙风道骨,身着白色道袍,和蔼睿智,是引导哪吒成长的关键人物。

图 5-26 分析故事角色信息

(2) 分镜头提示词。在角色镜头设置中,系统自动分析《哪吒学艺》的分镜提纲及画面描述。

第一个分镜头:哪吒踩着风火轮飞向乾元山巅,太乙真人正坐在石莲台上打盹。小哪吒刚伸手碰了碰师父的白胡子,忽然整座山都摇晃起来,原来是师父用拂尘变出九重石阶考验他。"师父耍赖!"哪吒嘟着嘴往上跳,脚底的火苗在台阶上烫出朵朵莲花。

第二个分镜头:红绫忽然缠住哪吒的腰,像条不听话的红龙满山乱窜。哪吒揪住绫角大喊:"你再闹腾,我就用三昧真火给你烫卷发!"混天绫瞬间变乖,温顺地给他系了个漂亮的蝴蝶结。

第三个分镜头:金镯子在桃林里滚成光球,惊飞满树雀儿。哪吒屏住呼吸张开双臂,乾坤圈"叮"的一声停在他掌心,映着朝阳变成闪亮的日轮。太乙真人捋着胡子偷笑,悄悄地把捆仙索藏回袖中。

第四个分镜头:当哪吒带着两件法宝回到陈塘关,混天绫突然冲天而起,把躲在乌云里的虾兵蟹将全扫了出来。乾坤圈凌空旋转,金光驱散漫天黑云,吓得巡海夜叉抱着钢叉就往龙宫逃。

自动生成四个分镜头后,对每个分镜头提炼出画面描述,如图 5-27 所示。

3. 分镜参数设置

(1) 设置画布尺寸。如图 5-28 所示,设置画布尺寸时,建议将画布尺寸调整为 16∶9。该比例符合现代显示设备的主流设置标准,能够确保视觉内容在设备上呈现最佳适配效果。

图 5-27 分镜提纲及画面描述

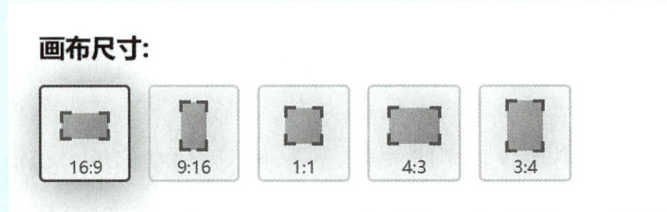

图 5-28 设置画布尺寸

（2）选择大模型。在艾绘 AI 创作平台提供的丰富大模型和风格选项中，选择"豆包 2.0Pro"来生成"哪吒学艺"的绘本，如图 5-29 所示。这个模型能以细腻的笔触和独特的色彩风格，展现出奇幻的神话氛围。

图 5-29 选择大模型

（3）图片风格。在风格选择上，特别挑选了"3D风格"，让图片更具立体感与层次感，为图片赋予了全新的视觉魅力，如图5-30所示。

图 5-30 设置图片风格

（4）选择绘本模板。在艾绘 AI 创作平台的操作界面中，用户可根据实际需求，灵活选择系统预设模板或创建自定义模板，具体操作可参考图5-31所示的交互界面。

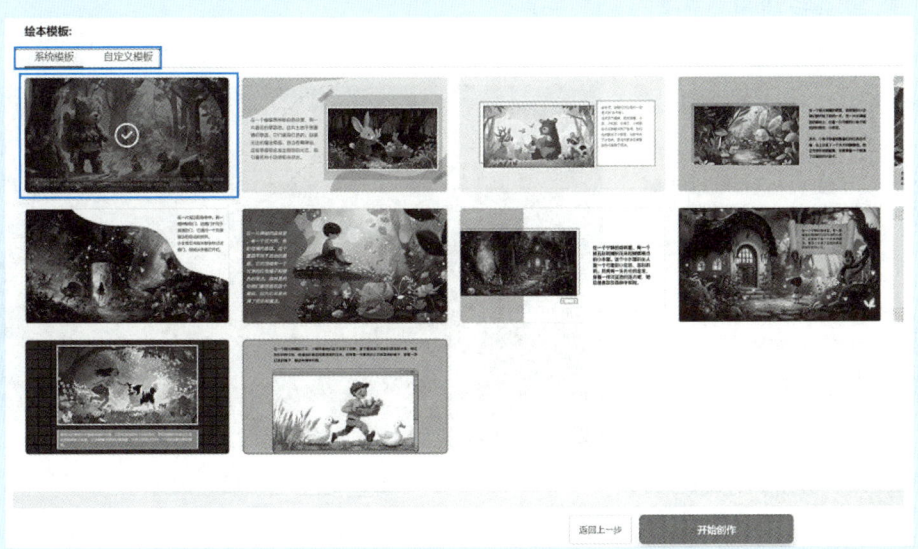

图 5-31 选择绘本模板

4．生成绘本故事图片

（1）生成场景图片。完成上述设置后，点击"开始创作"按钮，耐心等待平台生成精彩的绘本画面，平台默认会生成五张图片，如图5-32所示。

图 5-32　生成的五张图片

（2）导出图片。在绘本主界面右上角找到"导出"按钮，点击"导出"按钮，如图 5-33 所示，点击后在文件类型选择菜单中选"PNG"图片压缩包格式，最后点击"确认导出"按钮导出图片，导出后的图片如图 5-34 所示。

图 5-33　导出图片界面　　　　　图 5-34　导出后的图片

5. 修改绘本

如果对生成的绘本角色效果不太满意，无须担心。可以重新调整提示词的内容，借助文生图功能，再次生成全新的绘本角色。

（1）创建角色。点击艾绘 AI 创作平台左侧工具栏中的"角色"选项，再点击"创建角色"按钮，进入创建角色界面，接着在对应输入框中填写角色名称、选择角色类别等信息，随后在风格选项中选定"3D风格",完成基础参数设置。

在"提示词"区输入哪吒的提示词:"帮我生成一张图片,3D卡通风格的哪吒形象:黑色短发扎成双丸子头,系红色发带;大大的眼睛,咧嘴微笑,露出牙齿;佩戴金色项圈,身着红黄色无袖上衣,上有莲花图案;下身是红黑相间、带有火焰图案的阔腿裤,腰间系黄色腰带,比例为9∶16。"

点击"生成角色"按钮,待系统生成角色形象后,点击"保存形象"按钮完成形象存储,生成的图片可通过"历史记录"功能进行查看,具体操作效果如图5-35所示。

图5-35 创建哪吒角色

在多次生成哪吒角色后,从中选择一张自己满意的作品,将其作为后期修改图片时保持角色一致性的参考素材。

同理,在"提示词"区输入太乙真人的提示词:"生成一幅高清动画风格图片,画面主体为太乙真人,他生得一头长长的白发,垂落肩头;白色长须飘逸,面容清癯。头上戴着华丽精致的金色发饰,熠熠生辉;身着一袭纯净的白色长袍,衣袂线条流畅,尽显飘逸之感。背景是一片澄澈晴朗的蓝天,悠悠飘浮着几朵白云,整体氛围仙风道骨,细节丰富饱满,色彩柔和且明亮,凸显出超凡脱俗的气质。"

完成如图5-36所示的创建角色参数设置,然后点击"生成角色"按钮,待系统生成角色形象后,点击"保存形象"按钮即可。

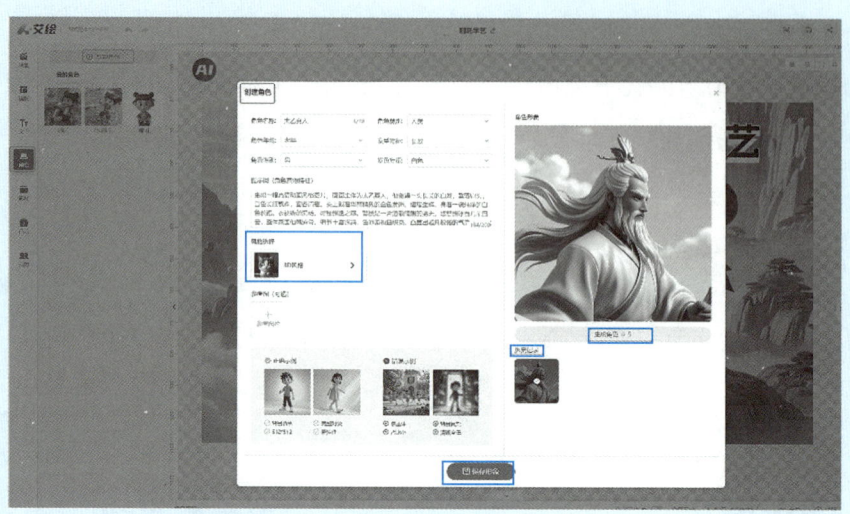

图 5-36　创建太乙真人角色

（2）重新生成图片：在工作区中，通过鼠标左键点击选中需要编辑的目标图片。该图片将以蓝色边框高亮显示，表明该图片进入如图 5-37 所示待编辑状态，再将鼠标指针移至界面右侧的工具栏，进入工具列表中找到"替换图片"按钮并点击，即可进入文生图或图生图的功能界面。

图 5-37　待编辑图片

本案例选择"文生图"模式。首先将画布尺寸调整为 16∶9 的经典比例，随后启用艾绘 AI 模型，并选用功能强劲的豆包 2.1 版本。凭借其出色性能，该模型为 3D 风格图片注入非凡能量，显著提升了画面的影视质感，每一处细节都细腻入微，光影流转间营造出令人惊叹的电影级视觉效果。在制作哪吒绘本时，建议挑选一张最能体现角色核心特征的哪吒形象素材，作为后续创作中保持角色造型一致性的参考范本，如图5-38所示。

图5-38　待编辑图片

然后，向AI描述你想要的画面中输入提示词："三年后的一天，陈塘关上空彩云缭绕。俯瞰视角下，闪耀的光芒、热闹的城镇，哪吒踏风归来，带着混天绫和乾坤圈。混天绫在身后翻卷如朝霞，冲天而起扫出虾兵蟹将；乾坤圈悬在腰间，巡海夜叉抱着钢叉往龙宫逃。"

最后，点击"开始绘画"按钮，等待几分钟，系统会重新生成图片。从新生成的图片里，挑选出最满意的一张，随后点击"替换图片"按钮，即可用所选图片替换掉原来的图片，如图5-39所示。

图5-39　重新生成的图片

(3) AI消图笔。如果想去除生成图片里的某些元素，用AI消图笔工具即可，如图5-40所示。点击设置页面"AI消图"按钮，然后在画面中涂抹选中多余的字迹。涂抹选择完成后，点击"开始消除"按钮，即可消除选择的对象，如图5-41所示。

图5-40 消除对象

图5-41 使用AI消图工具效果

6. 生成《哪吒学艺》绘本

根据《哪吒学艺》给出的提示词，首先要提炼故事核心场景，从提示词中筛选关键情节，明确每张图片需呈现的核心画面，确保叙事连贯且富有视觉张力。其次是分镜构图设计,按照绘本阅读节奏,将每个情节拆解为单页或跨页分镜,通过动态构图增强故事感染力。最后需确保《哪吒学艺》绘本中哪吒出场的四个页面在角色造型与视觉风格上保持统一,尤其在配色方案上需前后一致,具体可参考图5-42所示的角色形象呈现效果。创作一本高品质绘本,需精心雕琢大量图片与文字。从旁白的精心润色,到特效的巧妙运用,每一步都至关重要。后续更多精彩内容的完善,期待读者一同参与。

图 5-42　角色形象呈现效果

同步实训

1. 选择一个自己熟悉的小故事,尝试用绘本形式表达出来,然后与同学交流创作思路。

画面面数	故事大纲	提示词	AI 创作效果
第一页			

2. 使用艾绘 AI 创作一个绘本故事,并记录流程(如角色预设、特效应用),总结在风格统一与细节优化方面的体会。

任务二　智能处理图像

任务情境

平面设计师小江，在昆山创立个人工作室，并且承接广告制作、人像数字处理修复与封面海报美术设计等多领域项目。面对暴涨的订单量与客户频繁变更的要求，小江经常忙得焦头烂额。随着生成式人工智能的兴起，小江借助其实现工作流智能化革新，将原本数小时的手动精修压缩至秒级处理，让工作效率与创意品质同步跃升。

在本任务中，将使用生成式人工智能应用技术进行图像处理。

任务目标

1. 了解 AI 图像处理技术的基本工作原理。
2. 掌握用 AI 智能处理图像的方法流程与技术。
3. 体会人工智能在多领域场景中（如生活、工作和学习）带来的便利。

知识准备

一、了解 AI 图像处理

AI 图像处理是结合人工智能算法（如深度学习、生成对抗网络等）与计算机视觉技术的交叉领域。其核心在于通过数据驱动模型替代传统人工方式，训练神经网络模型（如卷积神经网络、生成对抗网络、扩散模型等）从海量图像中学习抽象特征，突破传统算法在复杂任务上的局限性。依靠深度集成 AI 技术的专业图像处理工具，现代设计软件正颠覆传统工作流程，将用户从机械性的图像操作中解放出来，转而聚焦于更具创造力的设计表达与艺术探索。

AI图像处理是一个闭环迭代的过程：从数据出发，让算法在像素与语义间自主挖掘关联规律，通过特征提取和模型训练得到初步结果，再经过验证、部署和反馈持续优化。其工作原理如图5-43所示。

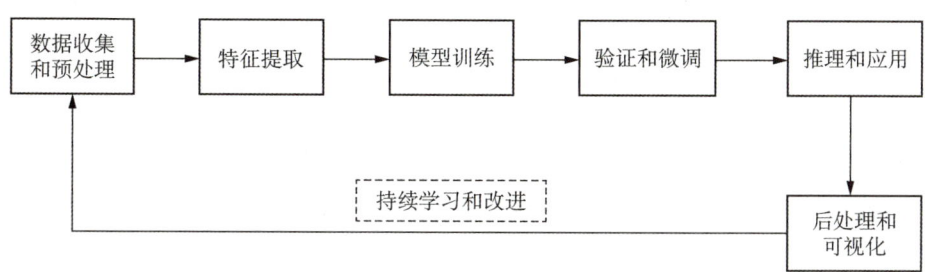

图5-43　AI图像处理技术的工作原理

1. 数据收集和预处理

数据收集和预处理是AI图像处理的首要步骤，也是构建高质量图像训练集的核心环节。该过程通过多源渠道（如公开数据集ImageNet、设备采集、生成式对抗网络合成等）采集覆盖目标场景的原始数据，并结合人工标注与半自动标注工具完成多粒度语义标注。最后执行标准化处理，对数据进行分辨率调整、像素归一化、数据增强和清洗等操作，从而提升数据质量、增强模型泛化能力，为后续训练提供可靠输入。

2. 特征提取

特征提取是指从原始图像中提取具有区分度的关键信息，用以简化数据复杂度并提升后续图像识别及分析效率。该过程通常使用卷积神经网络进行特征提取：先通过卷积层的可学习卷积核逐层扫描图像，提取边缘、纹理等初级特征；随后采用池化层对特征图像进行压缩，保留主要特征的同时降低数据维度；最终使用全连接层将提取的层级化特征整合，通过分类器输出分类识别结果。

3. 模型训练

模型训练是指将预处理后的图像数据输入适合的模型架构，基于标注标签或目标函数驱动参数优化，使模型最终具备从新数据中泛化推理的能力，从而实现图像分类、检测或生成等任务。以卷积神经网络为例，通过前向传播计算预测结果，再根据预测与真实标签的差异计算损失函数，利用反向传播和优化算法调整模型参数。训练过程中会进行多次迭代优化，并通过验证集评估性能，防止过拟合。

4. 验证和微调

验证和微调是模型优化阶段的关键环节。通过使用单独的测试数据集评估训练模型的泛化能力并识别过拟合风险，结合调整超参数（如学习率、正则化强度）或网络结构（如层数、激活函数）来优化性能，同时基于反馈数据对预训练模型进行针对性参数微调，最终通过多次迭代使模型适应实际场景的数据分布与任务需求。

5. 推理和应用

推理和应用是将训练完成的模型投入实际使用的阶段。将训练好的模型部署到实际场景中，通过输入预处理后的图像数据，模型自动提取关键特征并进行分类或检测，最终输出可用的识别结果并应用于具体任务。

6. 后处理和可视化

后处理和可视化是优化和展示模型输出结果的阶段。后处理是在模型生成初步结果后，通过技术手段进一步提升质量，同时过滤低置信度数据以提高准确性。可视化则将处理后的数据转化为易于理解的图表或交互界面，帮助用户快速捕捉关键信息。这两个环节共同确保AI图像处理结果既精准又直观。

7. 持续学习和改进

持续学习和改进是确保模型长期有效性的动态机制。AI图像处理模型会结合用户反馈和实际应用场景持续优化参数，并使用新数据进行再训练。最终使模型可以应对现实应用中不断演化的数据分布与任务需求，实现模型性能的持续增强与长期稳定性的维持。

二、认识创作平台

在人工智能技术持续迭代的推动下，图像处理工具呈现爆发式增长态势，并为艺术创作领域注入颠覆性革新力量，开拓出前所未有的视觉表达维度。下面介绍几个极具代表性的创作平台：悟空图像、百度AI图片助手、360智图和美图设计室。

1. 悟空图像

悟空图像是由中国团队自主研发的AI智能图像处理软件，它支持从基础修图到复杂视觉设计的全流程需求，如图5-44所示。其内置AI引擎可自动完成智能抠图、背景替换、画质修复等任务，同时集成了风格迁移、AI绘画等创新功能。平台还提供海量模板与云端协作能力，覆盖电商设计、新媒体配图、个人创作等场景，兼顾专业设计师的高阶需求与普通用户的易用体验。

图 5-44　悟空图像

2. 百度 AI 图片助手

百度 AI 图片助手是由百度公司基于文心大模型技术开发的在线智能图像处理平台，其融合深度学习与云计算能力，能够提供从基础修图到创意生成的全链条解决方案。用户无须下载客户端，通过网页端即可实现一键式操作。此外，平台支持自定义图片上传，全方位覆盖个人创作、电商素材优化及专业设计等场景，如图 5-45 所示。

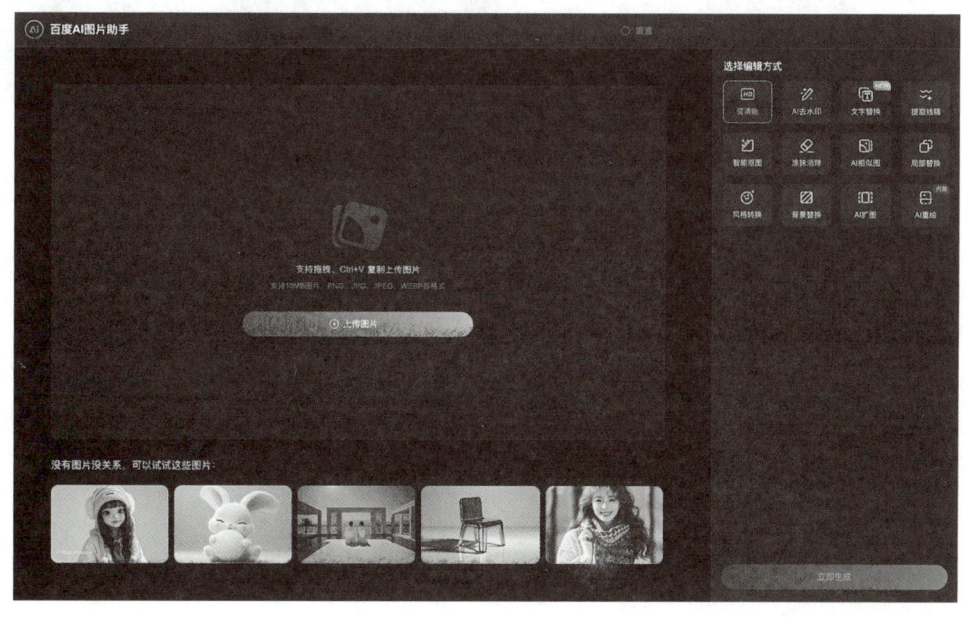

图 5-45　百度 AI 图片助手

3. 360 智图

360 智图是奇虎 360 公司开发的 AI 图像处理与创作平台，基于自研大模型与图像处理引擎，并集成智能编辑、生成、版权管理等核心功能。此外，360 智图整合了超百万级高清版权图库，提供合规素材搜索与商用授权服务，结合智能配图功能可自动为文章段落匹配主题图像。该平台通过云端协作与低门槛操作，为设计师、广告从业者及自媒体用户提供从素材获取到创意落地的全流程解决方案，如图 5-46 所示。

图 5-46　360 智图

4. 美图设计室

美图设计室是美图公司开发的 AI 视觉创作工具，依托自研视觉大模型及美图影像实验室技术成果打造而成。该平台将深度学习、计算机视觉与艺术美学深度融合，构建了覆盖海报生成、商品图优化、模特试穿等全场景的设计能力体系。平台集成 AI 消除、智能抠图等工具，可自动处理复杂背景瑕疵，并结合实时热点为自媒体生成动态特效封面，大幅降低专业设计门槛，如图 5-47 所示。

项目五　用人工智能处理图像

图 5-47　美图设计室

活动一　抠取图像

活动描述

小江经常承接单位或企业的花名册制作项目。为实现花名册整体视觉效果的统一，他需要将员工提供的各类生活照进行处理，既要精准提取人像主体，又要将背景替换为统一模板。近期，小江在自己的工作流中融入了悟空图像的 AI 智能处理功能，高效地完成了项目任务。

活动分析

抠图是一种将图像或影像中的特定部分从原始图像或影像中精确分离出来的图像处理技术，常用于将分离出的主体形成一个单独的图层，为后期合成处理做准备。随着生成式人工智能应用的迭代突破，抠图已从专业设计领域技术演化为普惠化、场景化的创意工

135

具。这项技术广泛应用于广告设计、证件照制作、影视后期制作等领域。

如果要将员工从生活照中"抠"出来，并将原始背景替换成指定背景，使员工可以"融入"新场景中，可以先打开指定背景图片，再将员工生活照导入到新图层，最后对生活照中的人像进行抠图处理。图片素材（AI生成）如图5-48和图5-49所示。

图5-48　员工生活照

图5-49　单位背景图

常见的抠图工具有选择工具（如套索工具组、选框工具组、橡皮擦工具组等）、路径与钢笔工具、通道与蒙版、抽出滤镜等。使用悟空图像软件的智能抠图功能，可以快捷高效地完成任务。

活动步骤

1. 打开背景图片

（1）运行悟空图像软件并登录，如图5-50所示。

（2）点击"打开文件"按钮，在打开文件的目录中，选择并打开单位背景图，如图5-51所示。

2. 导入待抠图素材

（1）点击界面右侧属性栏中的"添加对象"标签，如图5-52所示。

项目五　用人工智能处理图像

图 5-50　登录悟空图像

图 5-51　打开文件对话框

图 5-52 添加对象

（2）在"添加对象"标签页点击"本地图片"按钮。"本地图片"默认打开初始导入图片目录，若无目录显示，则手动点击"打开文件添加图片"按钮，并在打开文件对话框中，选择需要导入的图片，如图 5-53 所示。

图 5-53 打开文件添加图片

（3）点击左侧工具栏的"选择对象"工具，在图像窗口中，点击选中当前图层需要调整的图片对象，调整导入图片的位置及大小，如图 5-54 所示。

图 5-54　调整导入素材的位置及大小

3. 智能抠图

（1）选中抠图对象后，点击右侧属性设置栏中的"智能抠图"，如图 5-55 所示。

图 5-55　智能抠图

（2）点击"在线抠图"按钮，AI 将完成自动抠图，效果如图 5-56 所示。

图 5-56　在线抠图

4. 保存图片

（1）点击界面上方工具栏中的"另存为"按钮，将抠图后合成的图片保存到本地存储器，如图 5-57 所示。

图 5-57　保存图片

同步实训

1. 自选一张同时包含背景、人像或物体的图片,并尝试用常规工具与 AI 工具两种方式进行抠图。结合输出效果图,比较两种抠图方法的优缺点。

操作方法	效果	优点	缺点
常规抠图			
AI 抠图			

活动二 | 制作与裁切证件照

活动描述

制作证件照是小江经常需要处理的任务。很多客户急需证件照,却因不方便或没时间拍摄等原因,选择直接提供正面免冠自拍照。小江则需要将这些自拍照处理成符合客户需求尺寸与底色的证件照。由于任务繁多且工期短,小江常常忙到深夜。近期通过使用悟空图像的 AI 处理功能,小江能够使用"自动选取"工具结合 AI 抠图精确提取人像并快速裁剪图像。

活动分析

当需要抠取某一特定对象或者图片人像与背景颜色十分相近时,AI 抠图的效果可能不够理想。在悟空图像软件中,用户可以使用"自动选取"工具配合进行更精细的图片对象抠取。抠像完成后,可以使用悟空图像的"裁切工具"调整图片大小,裁剪掉图像上的多余内容,完成重新构图。

活动步骤

1. 打开人物图片

(1) 运行悟空图像软件并进行登录后,点击左上角"新建文件"按钮。在"创建空白画布"界面下的菜单栏中选择"照片"选项中的"标准 2 寸"。单击右侧"背景"选项中的白色方框,并将颜色更改为红色(RGB 255,0,0),确定后点击创建按钮,如图 5-58 所示。

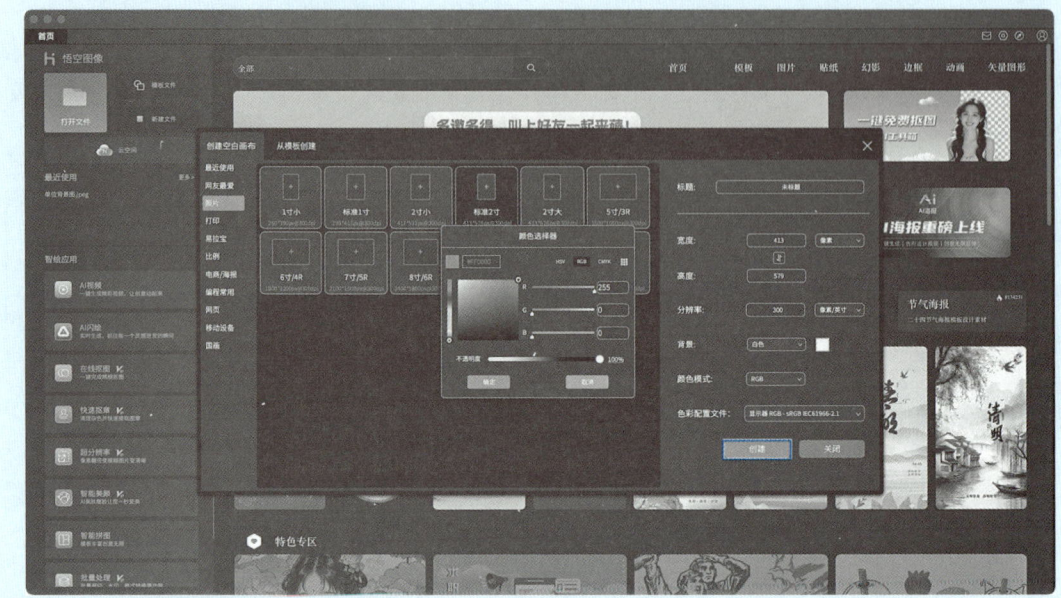

图 5-58　创建红色 2 寸画布

2. 导入人物图片

（1）点击右侧属性栏中的"添加对象"按钮，选择待处理人物图片（AI 生成）并导入，如图 5-59 所示。

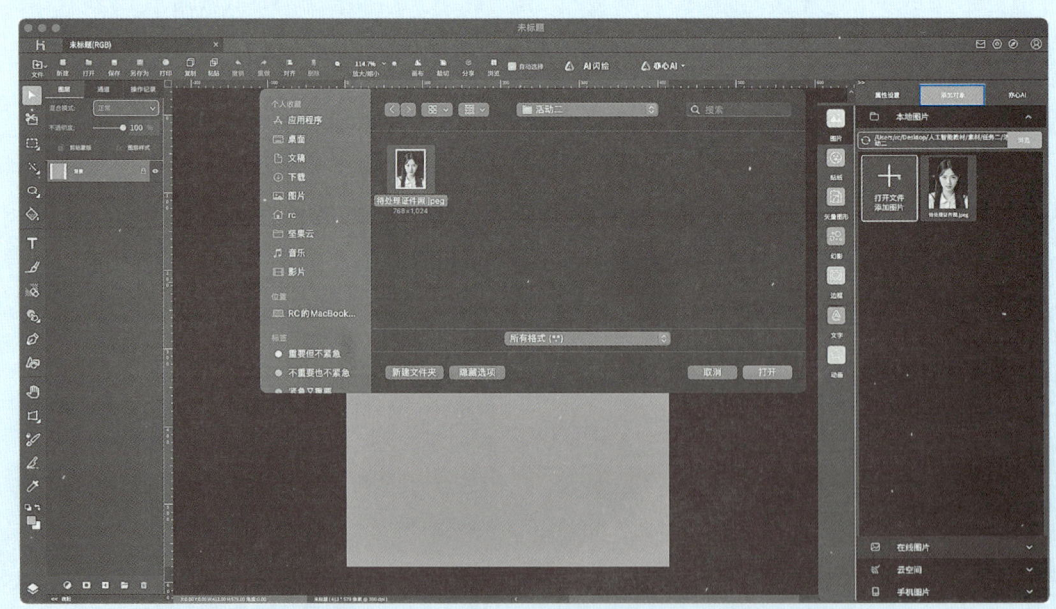

图 5-59　导入人物图片

（2）点击左侧"选择对象"按钮，将图片调整为合适大小，如图5-60所示。

图 5-60　调整人物图片大小

3. 美化人物并抠像

（1）点击右侧属性栏中的"属性设置"按钮，选择菜单下的"智能美颜"选项。在"智能美颜"对话框中调整美颜参数并点击"应用效果"后，点击"确认"保存美颜效果，如图5-61所示。

图 5-61　人物图片美颜

（2）由于人像发色与背景颜色接近，使用"自动选取"配合使用可以获得更加理想的抠图效果。选中"图层"菜单下的人像图层，点击左侧"自动选取"按钮。点击图中任意位置并移动鼠标，"自动选取"工具将智能分析画面。自动选择的区域以红色高亮方式显示，再次点击后所选区域将会被虚线轮廓标识，如图5-62所示。

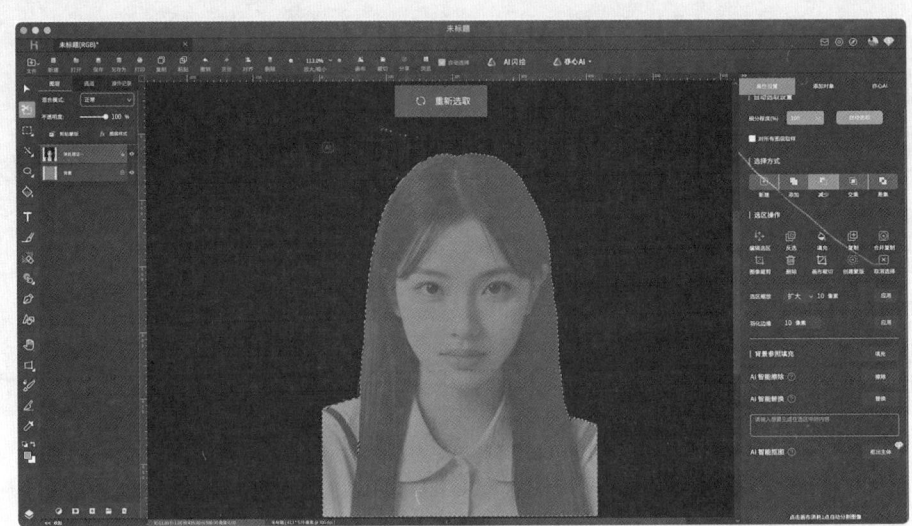

图 5-62　自动选取人像

（3）在右侧菜单"选区操作"中，调整"选取缩放"的像素值，将人像边缘未在选区的部分加入选区中，然后点击"应用"按钮，最后点击"反选"按钮选择无关部分并点击"删除"按钮或者按 Delete 键删除，抠图效果如图 5-63 所示。

图 5-63　抠图效果

4. 裁切证件照

（1）对于这张制作好的 2 寸证件照，如果我们想要获得它的一寸版本，可以直接使用悟空图像中的裁切功能。点击顶部菜单栏中的"裁切"按钮，选择右侧属性栏中的"裁切设置"，并在"常用大小"模块中选择"证件照"下的"标准 1 寸"选项。之后通过"图像缩放"调整缩放比例，确认效果后，点击"裁切"按钮完成剪裁，如图 5-64 所示。

图 5-64　裁切 1 寸证件照

5. 保存图片

（1）点击顶部菜单栏中的"另存为"按钮，选择目录保存证件照，如图 5-65 所示。

图 5-65　保存图片

同步实训

1. 探索一下,还有哪些方法也可以达到替换背景颜色的效果?
2. 尝试使用其他方法对图像进行裁切或达到相同的证件照效果。

活动三 | 擦除、替换与高清处理图像

活动描述

小江总会在节假日过后收到很多处理旅游照片的订单。一位客户不希望自己的沙滩照中有其他游客,而且背景空旷不够美观,人物的帽子颜色也不够理想。为此,小江需要利用自己的修图技术"P掉"画面中的其他游客,在背景的海面上添加一座灯塔使画面更加唯美,还要将客户的草帽变成蓝色遮阳帽,最后对整体图片进行高清处理。面对如此繁重的工作,小江使用美图设计室优化工作流,通过 AI 智能填充、擦除与替换功能,高效保质地完成任务。

活动分析

某些照片中经常会有不期望的元素出现,而且照片整体效果也可能不够理想。这时就可以使用美图设计室进行 AI 图像处理。如果想要消除图像中不想要的内容,可以通过"AI 消除"功能来实现。"AI 消除"可以通过涂抹、框选、圈选等方式在图中选出需要消除的内容,并利用 AI 消除补全选定区域。"AI 消除"同样也可用于去除水印、文字等操作。

"AI 局部替换"功能可以根据输入的文本智能生成图像,并替换原图中的选区内容。利用局部替换功能可以轻松地在图像中添加内容,或者修改图像中选中的内容。

"变清晰"功能可以将图像进行高清处理,通过深度学习算法和卷积神经网络对图像特征进行提取与优化,消除图像噪点,使图像更加清晰,质感更加细腻。

活动步骤

1. 导入图片

(1) 进入美图设计室平台并登录,如图 5-66 所示。

图 5-66　美图设计室登录界面

（2）点击"图片编辑"按钮进入 AI 图片编辑平台页面，点击"打开图像"按钮选择图像上传，如图 5-67 和图 5-68 所示。

图 5-67　打开图像

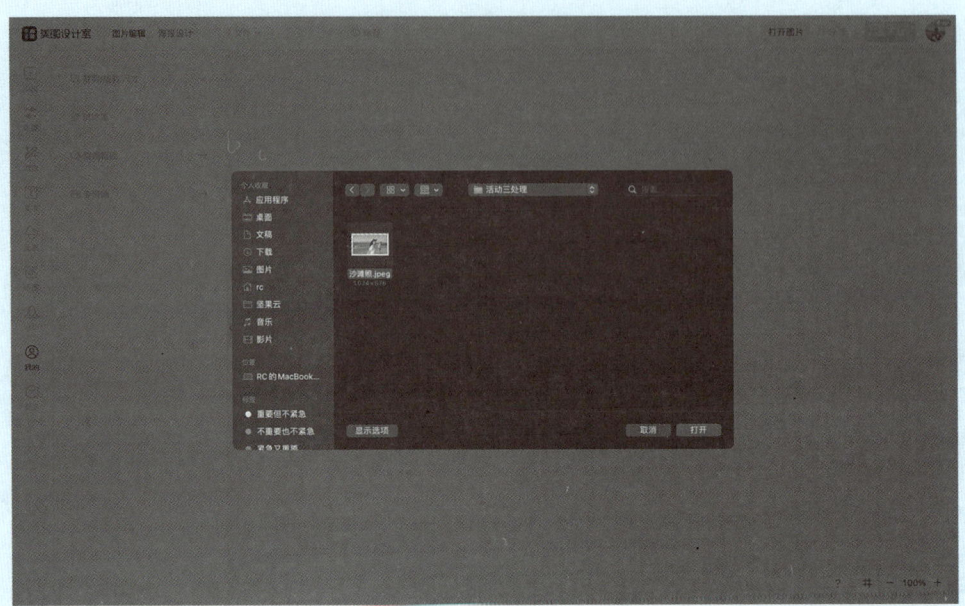

图 5-68 导入图像

2. AI 消除

（1）点击左侧菜单栏的"调整"按钮，选择"消除笔"的"涂抹选项"，调整画笔大小后将需要消除的对象用画笔涂抹，需要消除的内容会被蓝色覆盖，如图 5-69 所示。

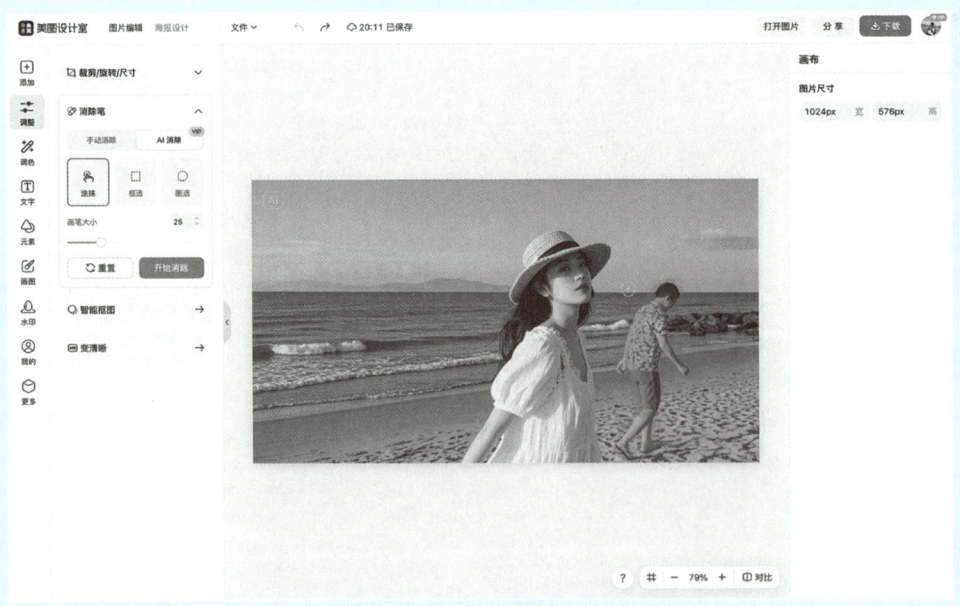

图 5-69 人像涂抹消除

（2）涂抹完成后点击开始消除，得到处理后的结果，如图 5-70 所示。

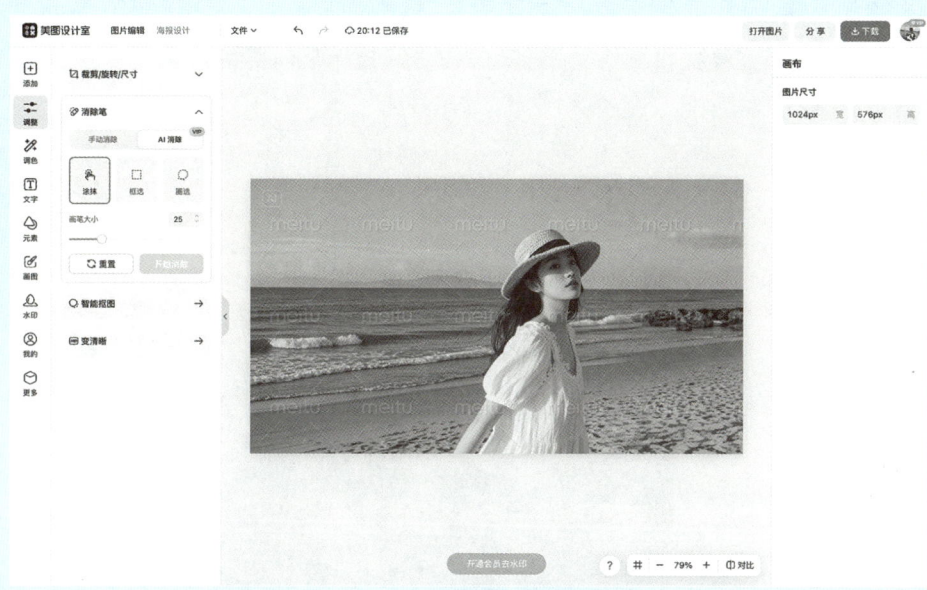

图 5-70　涂抹消除后的效果

3．局部重绘

（1）点击左侧菜单栏中的"更多"按钮，选择"局部重绘"选项，如图 5-71 所示。

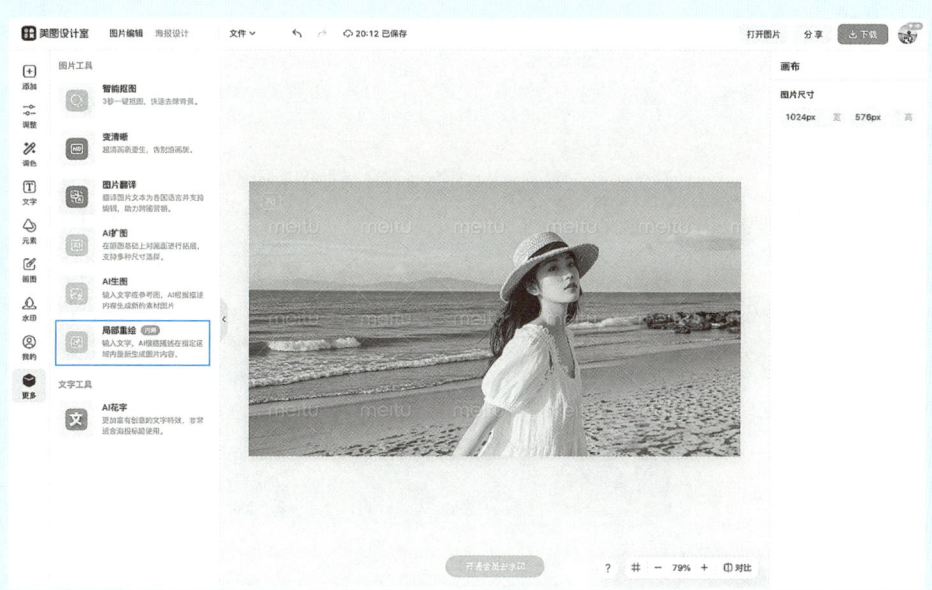

图 5-71　局部重绘

（2）涂抹出需要重绘的区域，并在文字框中输入需要重绘的内容，这里在海面上重绘灯塔。文本框中输入"灯塔"后，点击"立即生成"按钮。涂抹步骤与重绘效果如图5-72和图5-73所示。局部重绘提供四个结果供用户选择，选择最理想的结果之后点击"应用"保存重绘结果。

图5-72　局部涂抹并重绘

图5-73　灯塔重绘效果

(3) 重新选择画笔大小并涂抹图像中的草帽，在文字框中输入"蓝色遮阳帽"后点击"立即生成"按钮，最后选择理想效果图点击"应用"并保存效果。涂抹步骤与重绘效果如图 5-74 和图 5-75 所示。

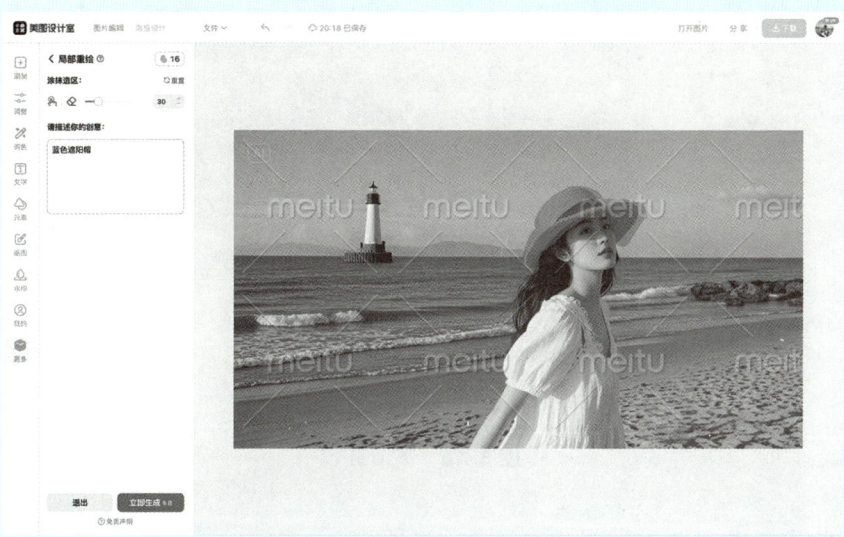

图 5-74　局部涂抹并重绘

图 5-75　遮阳帽重绘效果

4．高清处理

(1) 点击左侧菜单栏中的"调整"按钮，选择"变清晰"选项，选择"超清"进行图像高清处理，如图 5-76 所示。

图 5-76　高清处理

5. 导出图像

（1）点击右上角"下载"按钮，选择图片格式与压缩比例后，点击"下载"按钮即可下载，如图 5-77 所示。

图 5-77　导出图像

同步实训

1. 尝试用 AI 图像消除或去除一些带有文字或水印的图片，看一看最终的处理效果。
2. 找一张多人合影，尝试为每一个人制作单人照。

活动四 | 抠章与替换文字

活动描述

小江在日常工作中经常接到需要处理图片中文字相关的任务，比如提取一份数字合同中的印章，修改图片中出错的文字。由于图像文字处理难度较大，小江总是感到力不从心。在接触到生成式人工智能应用悟空图像和百度 AI 图片助手之后，小江能够快速提取印章内容并高效完成图片文字处理任务。

活动分析

在处理图片中与文字重叠的印章时，由于印章与文字在纹理上的高度相似性，普通 AI 工具难以将两者精准分离。悟空图像的二值化抠章功能通过智能化的图像处理技术，结合动态阈值算法与颜色通道分离技术，既能适应光照不均的扫描文件，也可通过压力笔迹分析还原印章细节，实现印章与背景的高精度分离。

如果想更改图片中的文字，可以使用百度 AI 图片助手的文字替换功能，通过智能化的图像识别与生成技术，结合上下文自动调整字号、颜色及光影效果，使新文字与原图背景自然融合，从而实现对图片中文字的快速修改。

活动步骤

1. 快速抠章

（1）打开悟空图像并登录，选择右侧"智绘应用"下的"快速抠章"功能，在对话框中导入需要处理的图片，如图 5-78 和图 5-79 所示。

（2）在"高级二值化"对话框的"抠章优化"选项中选择"去除杂色"选项。拉动灰度直方图中的箭头调整参数并观察抠章效果。效果理想后点击"确认"按钮完成抠章，如图 5-80 所示。

图 5-78　导入待抠章图像

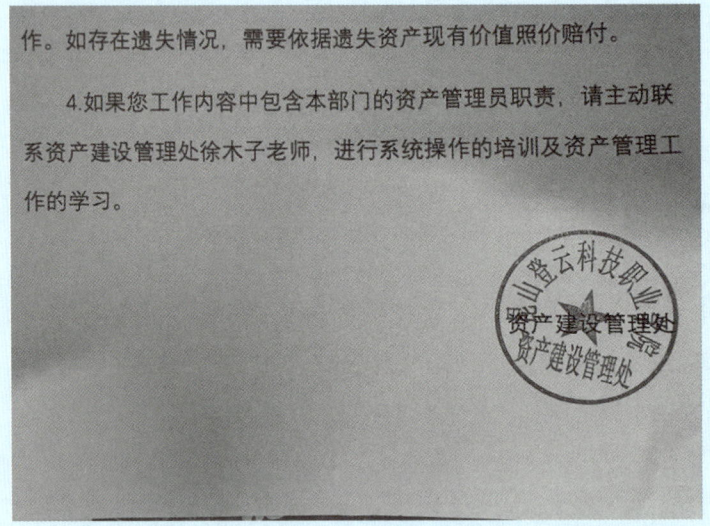

图 5-79　待抠章图像

2. 文字替换

（1）通过浏览器打开百度 AI 图片助手，点击"上传"按钮导入待处理图片，选择右侧的"文字替换"功能，调整画笔大小，涂抹需要替换的文字，并在输入框中输入需要替换的文字，如图 5-81 所示。

图 5-80　抠章效果

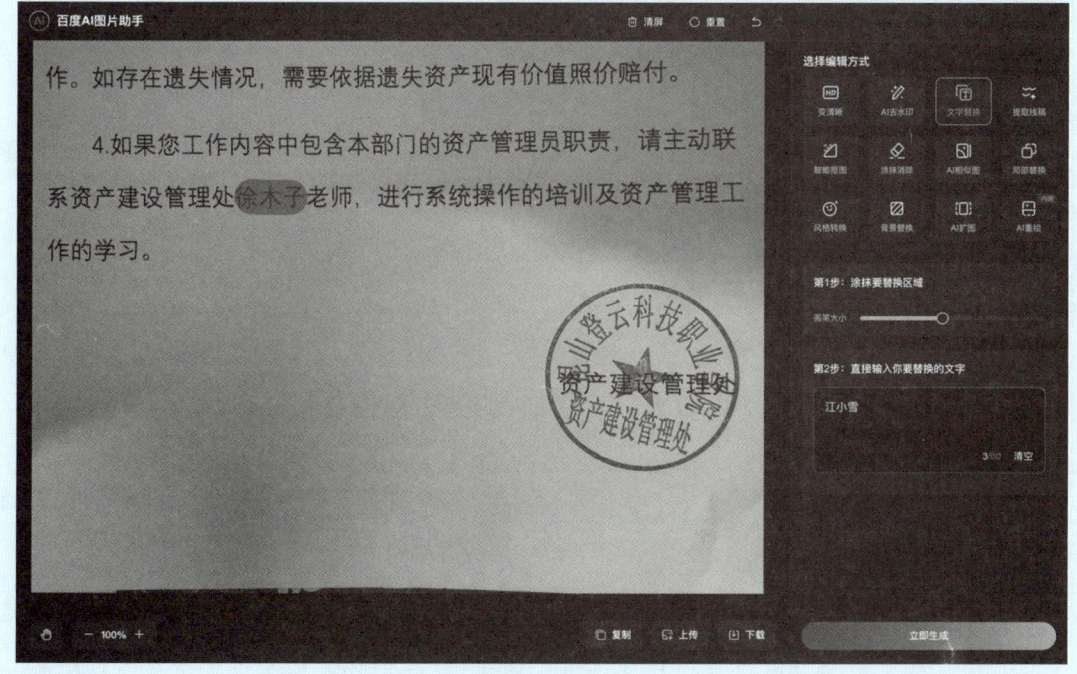

图 5-81　涂抹文字替换区域

（2）点击"立即生成"后，生成了四张可供选择的文字替换结果，效果如图5-82所示。

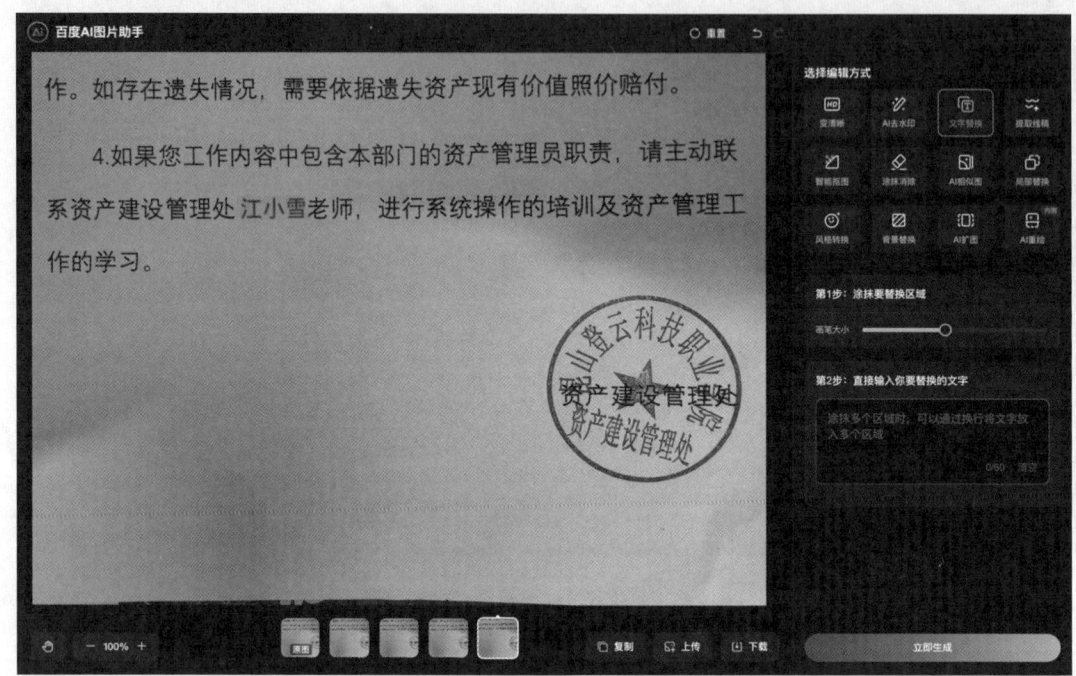

图5-82　文字替换效果

同步实训

1. 使用"快速抠章"功能与"AI抠图"功能处理抠章任务，并对比抠章效果。
2. 假如将图片旋转90°之后再使用AI文字替换功能，对比生成效果是否一致。

活动五 │ 增强与修复图像

活动描述

小江在日常工作中经常接到处理"老旧照片"的项目。面对沾有污渍、泛黄、有折痕甚至布满霉斑的旧照，使用传统修图软件进行手动去污、分层补色等操作常需耗费数小时。每每遇到此类任务，小江都会忙的焦头烂额。随着生成式人工智能应用的兴起，小江在工作中利用360智图的AI图片处理功能，大大提升了工作效率。

活动分析

老旧照片通常以胶片作为物理介质。受限于拍摄年代的摄影器材和冲印技术水平，老旧照片普遍存在分辨率偏低、颗粒噪点显著等问题。此外，经历数十年环境侵蚀后，老旧照片也常出现染料层褪色、局部霉斑等问题。表面磨损、折痕卷曲变形等物理损伤更会破坏老旧照片在视觉上的完整性。

在将老旧照片修复前，需要通过扫描、翻拍等方式将照片数字化。除了消去划痕、污渍等基础修复，还需要对色彩与细节进行处理与增强。最后，在降噪处理的基础上，通过锐化、高反差保留等操作输出修复后的照片。

360智图的AI图像处理功能能够高效快速地完成图像的基础修复，用户仅需微调细节，就能实现对老旧照片的高效还原，让历史影像焕发新生。

活动步骤

1. 导入图片

（1）进入360智图主页并登录，点击"AI图片编辑"按钮进入AI图片编辑页面，如图5-83所示。

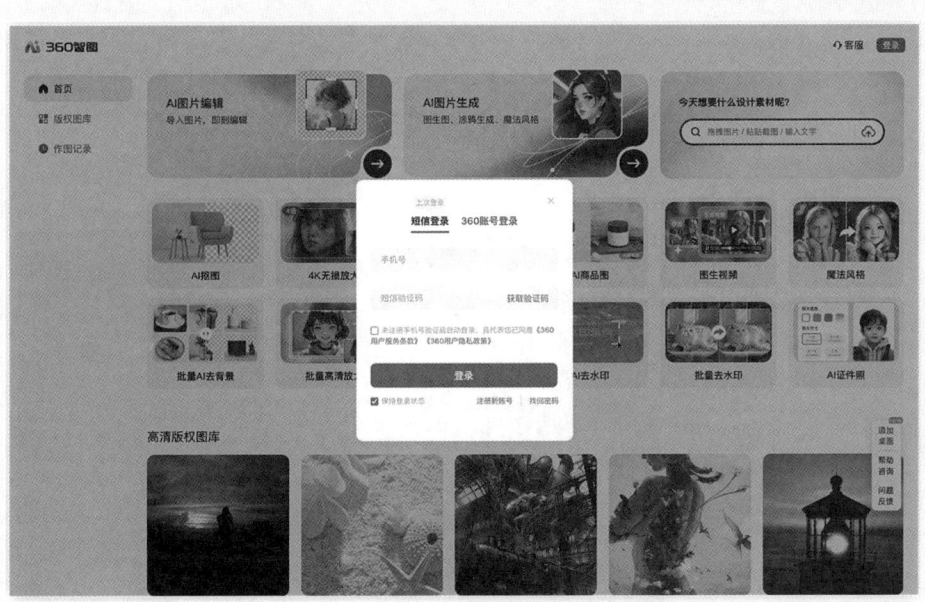

图 5-83　360智图登录界面

（2）在左侧菜单栏中点击"高清美化"按钮，并选择"AI上色"选项，之后点击"打开图片"按钮，导入需要修复的老旧图片，如图5-84所示。

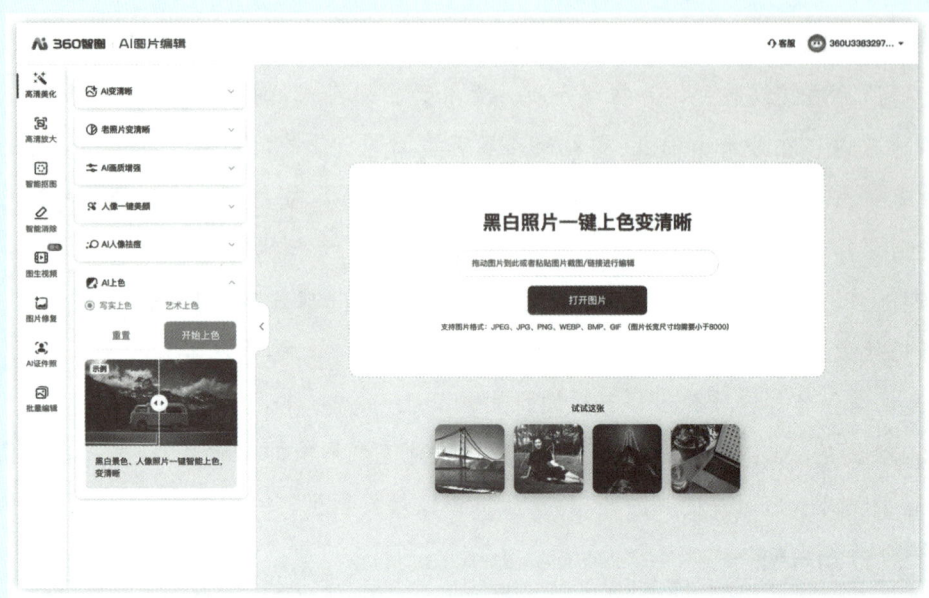

图 5-84　AI 上色

2. 修复图片

（1）选择"AI 上色"模块中的"写实上色"选项，并点击"开始上色"按钮，系统将对图片进行智能处理，如图 5-85 所示。

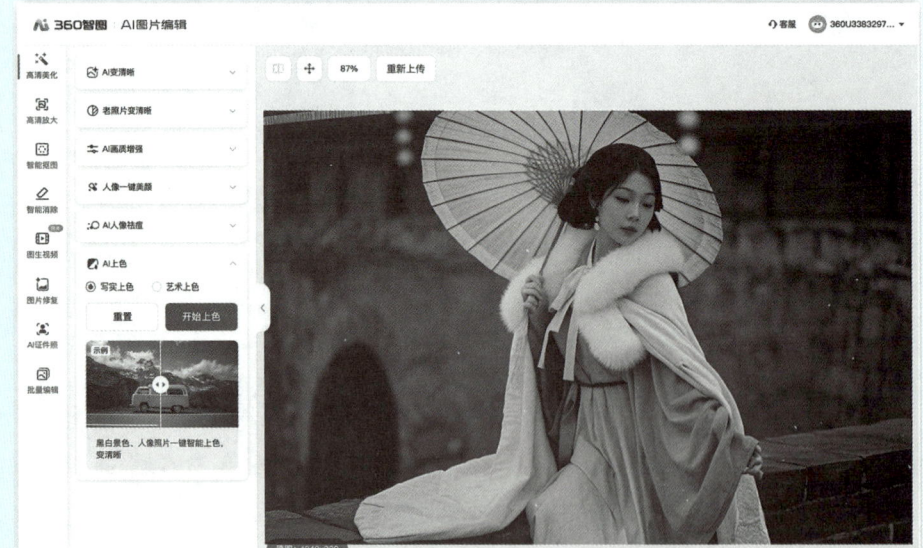

图 5-85　写实上色

（2）"AI 上色"处理完成后，左右拖动窗口中的图像分割线，可对比查看原图预处理后的效果，如图 5-86 所示。

色彩空间
图 5-86

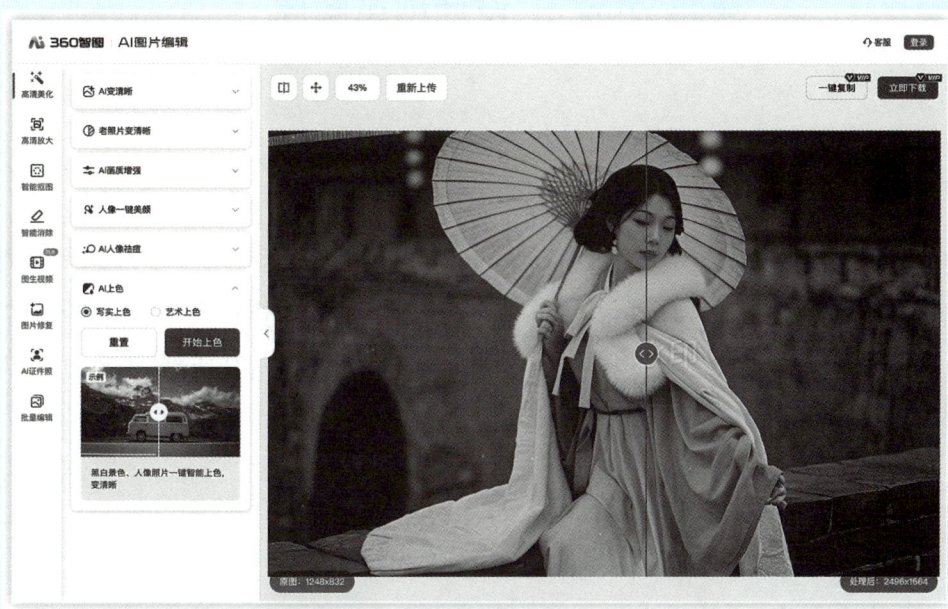

图 5-86　360 智图处理效果对比

3. 保存图片

点击右上角"立即下载"按钮，将处理好的图片保存到本地存储器。

同步实训

选择一张老旧照片，用不同的 AI 图像处理工具进行修复处理，根据操作方法和修复成果，说一说不同 AI 图像处理工具在操作方法及步骤上的特点，并对比修复的效果。

图像需要修复的部分	使用的软件	操作方法及步骤	修复的效果

任务三　设计创意图像

任务情境

在当今信息爆炸的时代，视觉内容已成为吸引受众注意力、传递信息和塑造品牌形象的关键元素。作为公司的设计者，希望通过一系列富有创意的图像设计，提升品牌的知名度和影响力，更好地与目标受众沟通和互动。可通过设计精准的提示词（文本），驱动生成式 AI 完成图像的主题创作。

任务目标

1. 品牌形象强化：通过独特且统一的视觉风格，植入品牌标志性元素，如色彩、LOGO 形态、品牌故事符号等，确保每一幅设计图像成为品牌形象的有力传播载体，在目标受众心中不断加深品牌印象，使品牌在竞争激烈的市场中形成鲜明且独特的辨识度。

2. 受众吸引与共鸣：运用流行文化元素、富有感染力的场景营造以及能唤起情感的视觉符号，引发目标受众的情感共鸣，让受众不仅关注图像本身，更能在情感层面与品牌建立紧密联系。

3. 信息高效传递：以简洁明了又极具创意的方式呈现产品的核心信息，如产品功效、使用方法、独特卖点等。通过生动的图像展示，配合简洁文字说明的形式，可以使消费者能在短时间内快速、准确地理解产品关键信息，提升信息传播效率，进而促进购买决策。

4. 传播影响力提升：设计出在各类传播渠道都能大放异彩的图像。在社交媒体平台，凭借视觉冲击力和话题性，吸引点赞、评论与分享，扩大品牌传播范围；在线下门店，通过富有吸引力的海报与陈列图像，吸引顾客进店，提升品牌曝光度与产品关注度，全面提升品牌传播影响力。

5. 促进销售转化：借助创意设计激发消费者的购买欲望。通过展示产品使用前后的对比效果、营造"拥有即变美"的消费场景，引导消费者产生购买行为，将品牌传播效果切实转化为实际销售增长，实现商业价值的提升。

知识准备

如今,输入文本描述自动生成图片的 AI 工具越来越多,通过 AIGC 技术,人们创作的热情也在提升,可以更加轻松地将自己的创意变为真正的艺术作品。

在 2021 年 1 月,人工智能研究机构 OpenAI 发布了一项创新算法——DALL·E。该算法具备根据自然语言描述生成高度逼真图像和艺术作品的能力。随后,在 2022 年 4 月,OpenAI 进一步推出了升级版——DALL·E2。相较于前一版本,新一代算法在图像生成的真实性、准确性以及分辨率方面均有显著提升。其生成的图像分辨率提高了 4 倍,同时在画面美感和艺术氛围的营造上也达到了更高的水平。

仅仅 5 个月后,AI 创作的艺术作品便开始在人类艺术竞赛中崭露头角。2022 年 8 月,在一场美术比赛中,一幅名为《太空歌剧院》的作品拿下了大赛的"数字艺术"大奖,如图 5-87 所示。然而,这幅作品并非完全出自人类之手,而是由游戏公司老板用 AI 绘画工具创作的,其过程简单来说就是"文本生成图像"。AI 通过"文字输入—图像生成"的生成模型实现创作,同时基于大量的已有图像来"训练"绘画能力。

图 5-87　AI 生成的《太空歌剧院》

目前,国内外在 AIGC 领域的热门工具如下。

① Stable Diffusion:开源的 AI 绘画工具,能够根据文本描述生成高质量图像。该工具通过深度学习算法分析大量图像数据,模拟艺术家的风格和技巧,生成更真实的作品。

② Midjourmey:用户通过输入的文字描述快速生成图片,体现了极高的效率和灵活

性,被广泛应用于插画、设计、游戏等领域。

③ DALL·E:可以根据自然语言描述生成图像,创造出各种有趣和惊艳的图像。

④ 文心一格:百度推出的基于文心大模型的文生图系统,可以根据用户输入的指令提示生成相应的图片。

⑤ 豆包:2025 年 3 月 12 日,豆包大模型团队正式发布文生图技术报告,首次公开 Seedream 2.0 图像生成模型技术细节,覆盖数据构建、预训练框架、后训练 RLHF 全流程。

⑥ 通义:阿里云推出的大模型系列品牌,包含单模态及多模态模型,通过阿里云平台提供模型服务。

活动一 设计品牌标志

活动描述

作为一名设计师,创意固然重要,但将创意落地实现非常不易,借助"豆包"大模型,只需发挥想象,深入思考即可轻松实现,现在,设计一份茶叶包装盒,盒子上印有"登云品牌"四个字。

几种效果分析

1. 正面视角的红色茶叶包装盒,表面光滑有质感,呈现出浓郁正红色,盒身中央是金色立体书法字体"登云品牌",笔触苍劲有力、大气磅礴,字体边缘有细腻的金色描边,与红色背景形成鲜明对比,文字下方配有小巧简约的烫金茶叶图标,整体排版居中对齐,简约又高级。

2. 一款红色系茶叶包,整体呈长方体形状,红色饱和度适中,尽显沉稳大气。金色的"登云品牌"四个大字以极具艺术感的书法字体呈现,占据包装盒正面约三分之一的位置,书法字体飘逸灵动,金色的光泽在红色背景的衬托下熠熠生辉。包装盒其余部分干净整洁,无多余繁杂元素,仅在底部有一行极细的金色产品信息文字,整体配色与排版尽显简约高级感。

3. 竖版红色茶叶包装盒,盒身的正红色如同红绸缎般的丝滑质感。在盒面上方三分之一处,以金色书法字体书写"登云品牌"四字,字体大气舒展,笔锋凌厉,金色颜料带有微微的颗粒感,模拟出金属质感。下方空白处有若隐若现的同色系淡红色线条暗纹,线条呈抽象茶叶脉络状,整体排版疏密得当,简约又不失高级格调。

活动步骤

1. 图片基本设置

(1) 打开浏览器进入"豆包"官网,无须登录即可创作。

(2) 在画布中间工具栏选择"比例",弹出尺寸选择框,选择图片尺寸合适的比例,如图 5-88 所示。

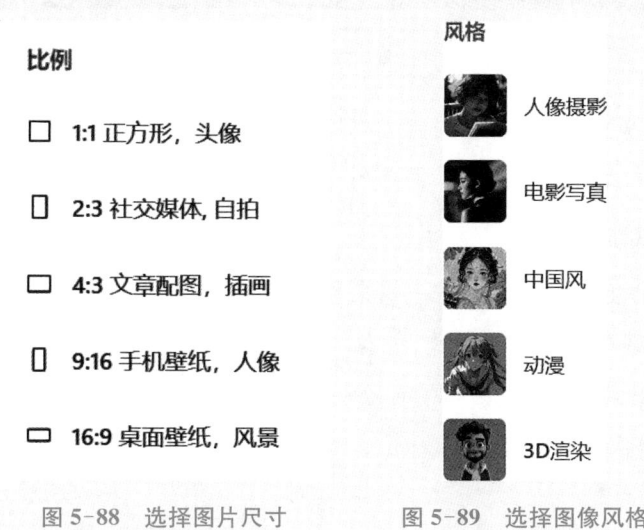

图 5-88　选择图片尺寸　　图 5-89　选择图像风格

2. 设置图片风格

点击中部菜单栏"风格"按钮,根据需要选择对应风格,如图 5-89 所示。

3. 输入提示词并生成图片

(1) 在如图 5-94 所示的"创意描述"文本框中,输入提示词:"我是设计师,帮我设计一款茶叶包,要求有大气的书法字,包装盒为红色,上面有金色的文字'登云品牌',简约高级的排版和调色",并生成 AI 绘图提示词。

图 5-90　"描述词"文本框

(2) 点击"发送"按钮,豆包 AI 创作平台会生成四张图片,如图 5-91 所示。

图 5-91　生成图像

(3) 点击生成的图片,查看按要求生成的图片。

(4) 点击"下载"按钮,将图片保存到本地存储器。

同步实训

1. 为自己的笔记本电脑创作一幅桌面图片,选择自己喜欢的风格,根据不同的场景,尝试使用不同 AI 创作平台去创作,并与同学们交流创作过程。

2. 通过使用 DeepSeek 创作平台绘制不同风格的图像,假设设计一种品牌 LOGO,并说一说自己的创作过程及体会。

活动二 | 设计个性化艺术字

通义千问是阿里云推出的大语言模型,于 2023 年 9 月 13 日正式向公众开放。其属于人工智能(AI)/大模型(Large Language Models)领域,是一个 MaaS(模型即服务)的底座。通义千问意为"通情、达义",具备全副 AI 能力,致力于成为人们的工作、学习、生活助手。功能包括多轮对话、文案创作、逻辑推理、多模态理解、多语言支持,能够与人类开展多轮的交互,也融入了多模态的知识理解,且有文案创作能力,能够辅助续写小说,编写邮件等。

以下是使用通义生成艺术字的方法。

方法一:利用通义官网

1. 访问官网:打开浏览器,进入通义万相官网。

2. 在首页点击上方的"应用广场",在应用广场中选择"AI生图"。

3. 输入文字内容:在左侧编辑区域输入想要生成艺术字的文字(支持中文、字母和数字字符)。

4. 设置参数

文字风格:从提供的20种风格模板中选择,或自定义风格。

图片比例:根据需要选择16∶9、9∶16或1∶1的比例。

图片背景:选择生成背景或透明背景。

5. 点击"生成"按钮,系统将生成4张不同风格的艺术字图片。

6. 选择满意的图片,点击下载保存到本地。

方法二:利用通义APP

1. 在手机应用商店搜索并下载"通义"APP,安装后打开。

2. 在APP首页找到并点击"AI生图"。

3. 输入文字内容,选择文字风格、图片比例和背景等。

4. 点击生成按钮,选择满意的艺术字图片,保存到手机相册。

活动描述

作为一名在校大学生,在五一长假即将来临之际,给在家劳作的父母送一幅艺术字,祝福他们五一劳动节快乐。请用大模型设计一款艺术字,借此表达对父母的爱意。

活动步骤

1. 打开通义APP,在最下面选择"AI生图",如图5-92所示。

图5-92 通义AI生图

2. 输入提示文字:"帮我生成艺术字图片:五一快乐,要求农村风格,田野风光,金黄色丰收场景,体现父母丰收喜悦心情,比例是4∶3"。

3. 经过AI的思考,最后生成效果如图5-93所示。

图 5-93　生成效果

同步实训

端午节来临,某粽子品牌邀请你设计一款粽子的外包装艺术字,选择自己喜欢的风格,根据不同的场景,尝试使用不同的 AI 创作平台进行创作,然后与同学们交流创作过程。

活动三 | 设计春节宣传海报

活动描述

在历史长河中,春节有诸多名称。先秦时期称"元日""上日"等,汉朝称"正日"。魏晋南北朝时期叫"元辰""元正",唐宋时期主要把"元日"称为年节,辛亥革命后,采用公历纪年,正式将农历一月一日定名为"春节",公历一月一日定名为"元旦"。春节作为中华民族的传统节日,请你设计一张体现春节阖家欢乐,吉祥如意的海报,让大家都能记住这个美好的时光。

使用豆包大模型,即可轻松生成。

活动步骤

1. 打开"豆包"软件,在最下面选择图像生成,如图 5-94 所示。

2. 输入提示文本:"帮我生成图片海报:春节节日祥和,烟花四起,家家户户团圆,瑞雪兆丰年,图中有小孩子在拜年。"

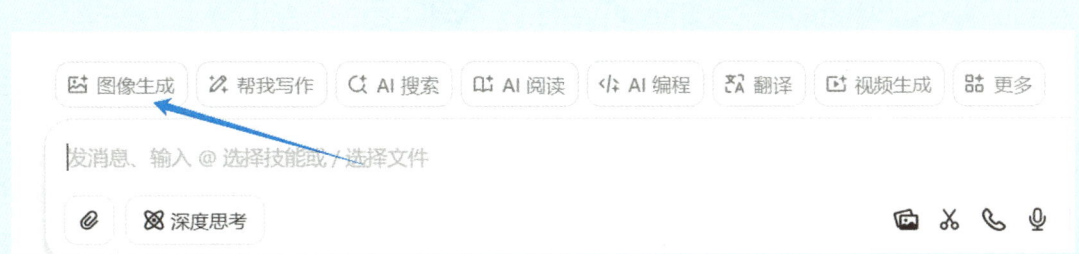

图 5-94　豆包图像生成

图 5-95　AI 生图效果

同步实训

五四青年节来临，莘莘学子回忆当年的五四爱国运动，先辈们的爱国热情仿佛历历在目。请你设计一张海报，体现当代青年的爱国情怀。

项目六

用人工智能处理音视频

AI 在音视频领域的应用，带来了诸多显著优势。在效率提升方面，AI 自动化处理极大地缩短了音视频制作周期，过去需要人工花费大量时间和精力完成的工作，现在借助 AI 可以快速完成。在内容优化上，AI 技术使音视频内容在画质、音质以及精准度上都得到显著提升，为用户带来更好的视听享受。在创新能力增强方面，AI 激发了新的内容形式和应用场景不断涌现，如虚拟演唱会、AI 合成主播等，为行业发展注入了新的活力。在本项目中，学生将深入掌握 AI 在音频和视频方面的各类应用，熟悉常见的 AI 音视频应用平台或工具，并借助 AI 实现智能创作，激发学生主动探索利用 AI 优化音视频流程的创新思维。

任务一 用人工智能处理音频

任务情境

身为项目负责人的李华，近期接手了一项颇具挑战性的任务：需对大量繁杂的资料进行处理，既要将一部分文字内容精准高效地转换为自然流畅的语音，用于后续的宣传推广；又要将另一部分语音材料迅速准确地整理成清晰可读的文字稿，以供深入分析研究。

面对如此复杂的工作流程,李华凭借其敏锐的技术洞察力,创新性地提出了一套依托人工智能技术的解决方案:针对文字转语音的需求,李华引入了专业的文字转语音服务平台。只须简单输入待转换的文字内容,借助平台内置的先进 AI 模型,就能轻松获得多种风格与音色的语音版本;借助音频转文字功能,将语音资料高效转化为文字信息,便于后续的整理与分析;此外,他还探索了声音克隆技术,能够复刻特定人物的声音特征,为项目增添个性化色彩。

在本项目中,将使用 AIGC 技术,体验 AI 文字转语音、AI 语音转文字、AI 声音克隆等功能。

任务目标

1. 了解目前 AI 文字转语音、AI 语音转文字、AI 声音克隆的主流平台或工具。
2. 掌握 AI 文字转语音、AI 语音转文字、AI 声音克隆一般操作步骤。
3. 切实体会音频处理在学习、生活、工作中带来的便利。

知识准备

1. 熟悉 TTS 的原理

文本到语音(Text-to-Speech,TTS)是一种将文字转换为语音的技术,能让计算机"读"出文本内容。以下介绍其主要方面。

(1)语音生成。将输入的文字准确地转换为语音信号,支持多种语言和字符集,包括汉语、英语、阿拉伯语等。

(2)语音风格定制。将输入的文字准确地转换为语音信号,支持多种语言和字符集,包括汉语、英语、阿拉伯语等。

(3)语速调节。用户可根据自己的听读习惯,加快或减慢语音播放速度,便于更好地理解内容。

(4)语调调整。能够改变语音的语调,使语音更生动、自然,增强情感表达。

(5)文本解析。可以识别文本中的标点符号、数字、缩写等,并按照相应的规则进行正确的语音转换。

(6)多音字处理。能够根据上下文准确判断多音字的发音。

(7) 与其他软件集成。可嵌入到各种应用程序中,如电子书阅读软件、导航应用、智能音箱等,为这些应用提供语音输出功能。

(8) 支持多种平台。能在不同的操作系统和设备上运行,包括桌面电脑、移动设备、智能穿戴设备等,满足用户在不同终端上的使用需求。

2. 音频场景智作平台

(1) 讯飞智作平台。讯飞智作是科大讯飞旗下的 AIGC 内容创作平台,汇聚多项核心技术,在语音处理与人工智能领域大放异彩。在智能语音技术板块,它构建起完整的技术矩阵。音频处理方面,可实现音频的降噪、增强等精细操作,优化声音质量;语音识别能精准捕捉语音内容,转化为文本信息,广泛应用于语音录入、会议记录等场景;语音合成技术让文字生动"发声",模拟出自然流畅、风格多样的语音;语音评测则可对语音的准确性、流利度等进行量化评估,常用于语言学习类产品。从创作功能而言,讯飞智作宛如一位全能创作伙伴。无论是创意构思、素材生成,还是内容优化,都能提供有力支持。在新闻播报、教育培训、企业宣传等众多实际应用场景中,它都展现出卓越的适配性与灵活性,助力创作者高效产出优质内容。讯飞智作的主界面如图 6-1 所示。

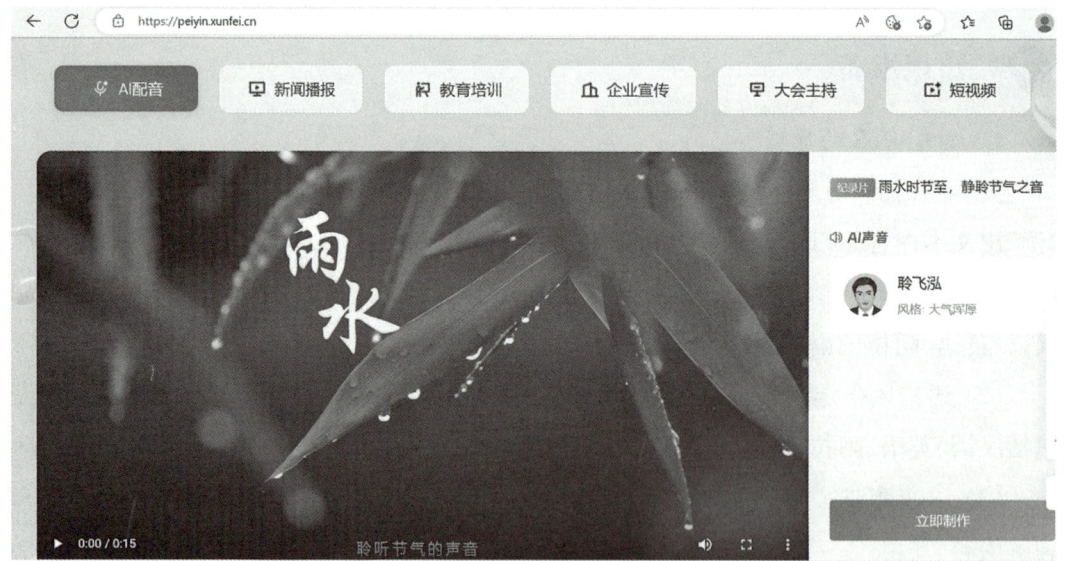

图 6-1　讯飞智作的主界面

在本任务中,讯飞智作平台的 AI 配音功能是关键。用户输入文稿或上传录音后,即可挑选适配的虚拟主播来配音。该功能涵盖多语种,支持丰富情感演绎,具备多种风格,充分契合个性化需求。例如在制作多语言广告宣传视频时,无论是大气浑厚、年轻时尚,还是可爱甜美的风格,均可随心选取,增强视频吸引力。

(2)悦音配音和魔音工坊。这两款工具均为专注于配音领域的工具,支持多语种配音,涵盖多种风格,适配各类配音需求。用户可随心挑选心仪的配音风格,并自主调节语速、语气等,营造出近似真人主播的配音效果。悦音配音的主界面如图 6-2 所示,魔音工坊的主界面如图 6-3 所示。

图 6-2 悦音配音的主界面

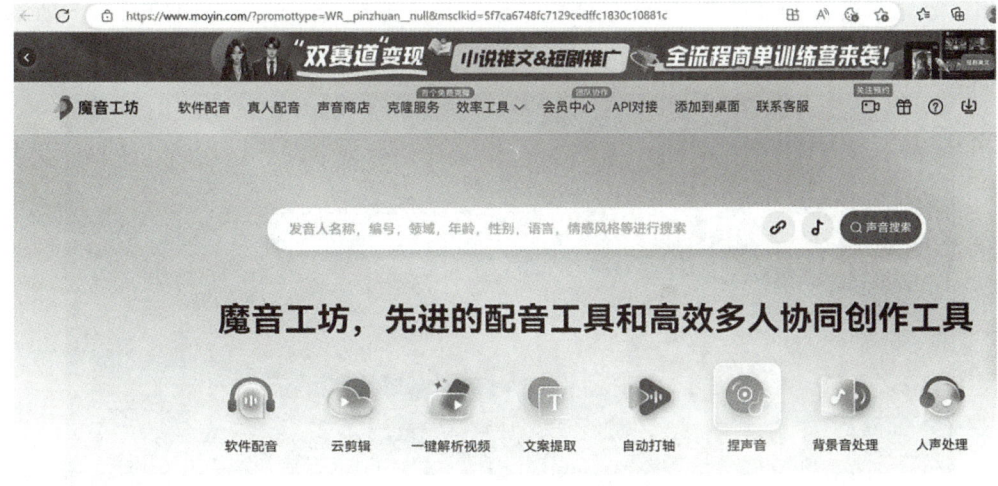

图 6-3 魔音工坊的主界面

（3）TTSMAKER。专注于文本转语音。用户只须将要配音的文本录入工具，选定对应的语言和声音，即可在短时间内生成高质量语音，极大节省时间与精力，让配音流程轻松高效。TTSMAKER 的主界面如图 6-4 所示。

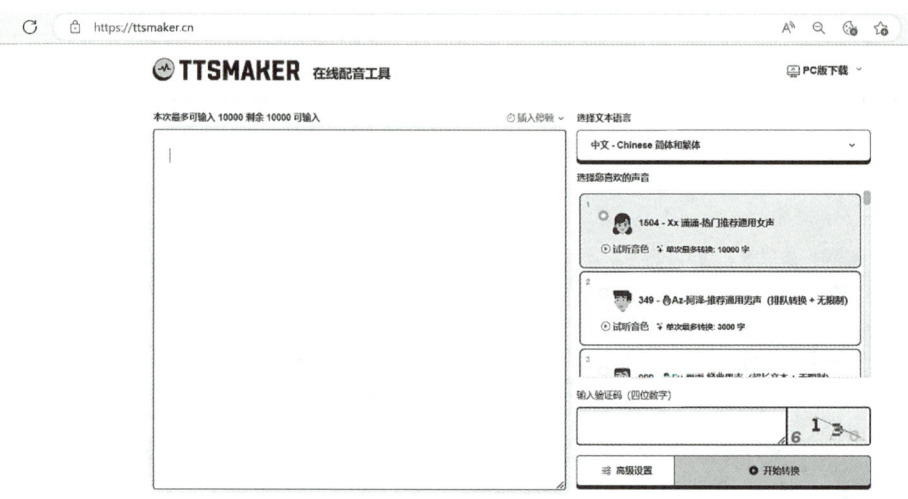

图 6-4　TTSMAKER 的主界面

（4）海绵音乐。海绵音乐是人工智能驱动的音乐创作平台，助力用户迅速打造出独具个性的音乐作品。平台提供丰富多样的音乐风格模板与情感主题，降低音乐创作门槛。无论是否具备专业音乐知识，用户都能轻松上手，打造专属音乐。其涵盖国风、Emo 等多元风格，用户可依据个人喜好与需求随心挑选模板。还可借助在线编辑工具，对节奏、旋律、和声等元素进行精细调整，实现个性化音乐创作。海绵音乐的主界面如图 6-5 所示。

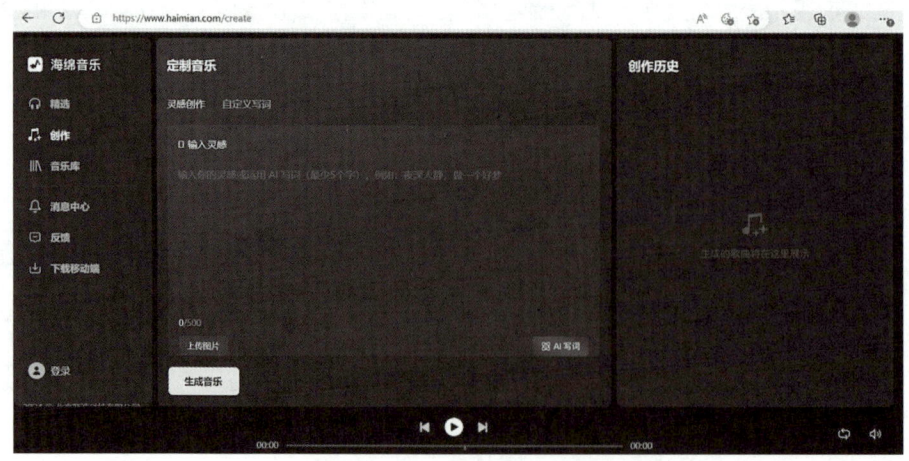

图 6-5　海绵音乐的主界面

(5)讯飞听见。讯飞听见是科大讯飞打造的智能语音转文字软件。它集实时语音转写、多语种翻译、边录边拍、悬浮字幕生成、文本结果导出等功能于一体,可在会议记录、授课演讲、媒体采访等场景中,显著提升用户工作效率。讯飞听见的主界面如图 6-6 所示。

图 6-6　讯飞听见的主界面

(6)剪映。剪映的"声音克隆"功能颇具创新性,用户仅需录制几秒语音,AI 模型便能学习该语音特征,进而快速生成与用户音色高度相似的语音内容。剪映的主界面如图 6-7 所示。

图 6-7　剪映的主界面

人工智能技术与应用

活动一 ｜ 实现文字转语音

活动描述

单位筹备文娱活动，策划了一个以古诗朗诵为舞蹈伴音的节目。李华承担起音频制作工作，然而他的普通话朗诵功底欠佳，这成为制作音频的棘手难题。最终，他选用讯飞智作平台，顺利且出色地完成了任务。

活动分析

利用讯飞智作平台生成音频文件时，前期准备至关重要。需先备好配音文本，确保段落划分清晰、标点符号准确。同时，要综合考量文本朗读的角色设定、语速把控以及应用场景特点等因素。好在讯飞智作这类AI平台通常提供丰富选项，操作难度较低。此次活动中，借助该平台，将《杂诗十二首·其一》转化为语音，按需调节音色、语速等参数，帮助李华高效完成任务。

活动步骤

1. 输入文本

（1）输入账号和密码登录讯飞智作，如图6-8所示。

图6-8 登录讯飞智作

（2）将文字稿输入到文本框，如图6-9所示。

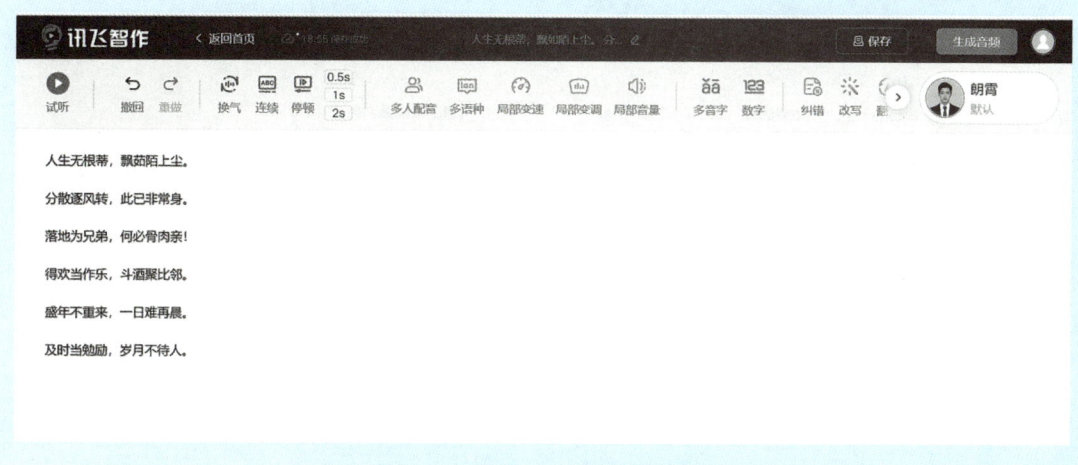

图6-9　将文字稿输入到文本框

（3）选中输入的文本，点击"纠错"按钮，如图6-10所示。

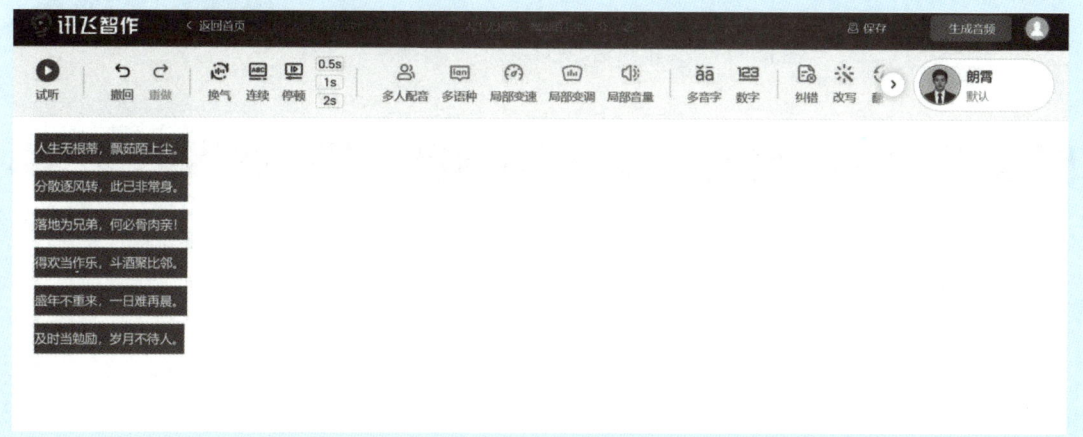

图6-10　点击"纠错"按钮

（4）当出现"文本纠错"对话框时，若需将原文里的"茹"字修正为"如"，点击"替换原文"按钮就能完成修改，如图6-11所示。

（5）想要试听效果，点击界面左上角的"试听"按钮，即可聆听音频效果，如图6-12所示。

（6）要是文本中存在多音字，点击"多音字"按钮，进入多音字发音选择界面，从中挑选合适读音，如图6-13所示。

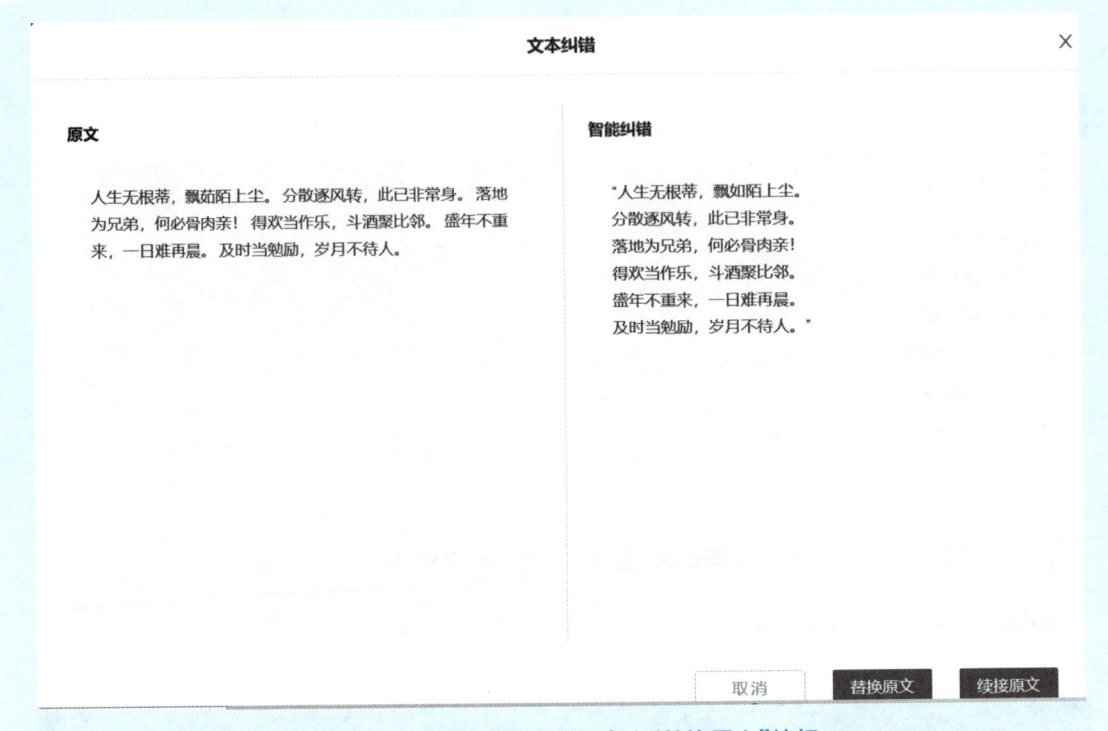

图 6-11 "文本纠错"对话框点击"替换原文"按钮

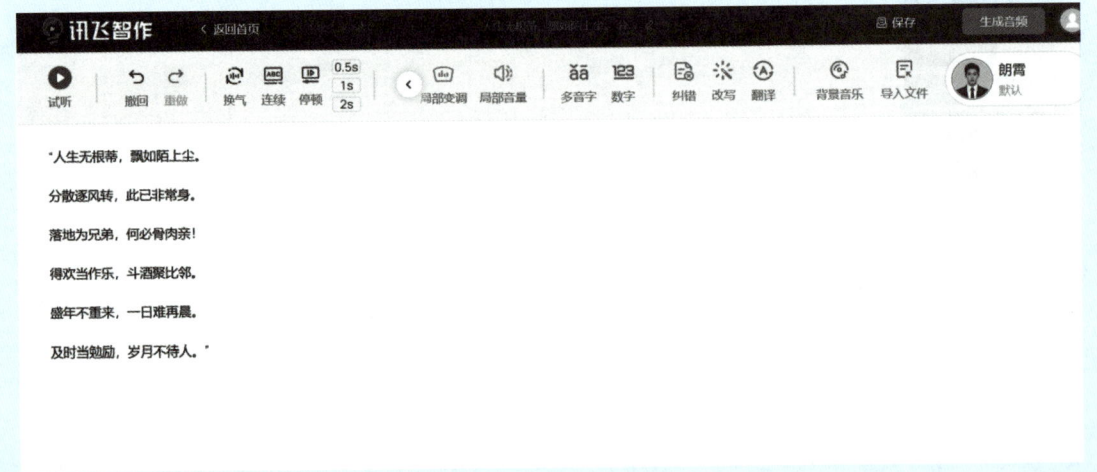

图 6-12 点击"试听"按钮

2. 选择语言和语音包类型

（1）点击朗读语音主播头像，可切换角色，例如选择"逍遥诗人"角色，如图 6-14 所示。

图 6-13　多音字选择发音界面

图 6-14　选择"逍遥诗人"角色

（2）"主播语速"调整为 49，"主播语调"调整为 49，"音量增益"调整为 5，如图 6-15 所示。

图 6-15　调整"主播语速""主播语调""音量增益"

3. 设置语音和添加背景音乐

（1）对语音的停顿、连续播放以及换气效果进行调整，如图 6-16 所示。

（2）点击"背景音乐"按钮，在弹出的设置界面中挑选在线背景音乐，并按需调节音量，如图 6-17 所示。

图 6-16 设置语音停顿、连续和换气

图 6-17 设置"背景音乐"

4. 生成音频文件

（1）点击右上角"生成音频"按钮，弹出"作品命名"对话框。

（2）在对话框内，将生成音频文件名改为"《杂诗十二首·其一》语音生成"，将文件格式设为"mp3"，勾选"同步生成 srt 字幕文件"，随后点击"确定"，即可生成音频文件，如图 6-18 所示。

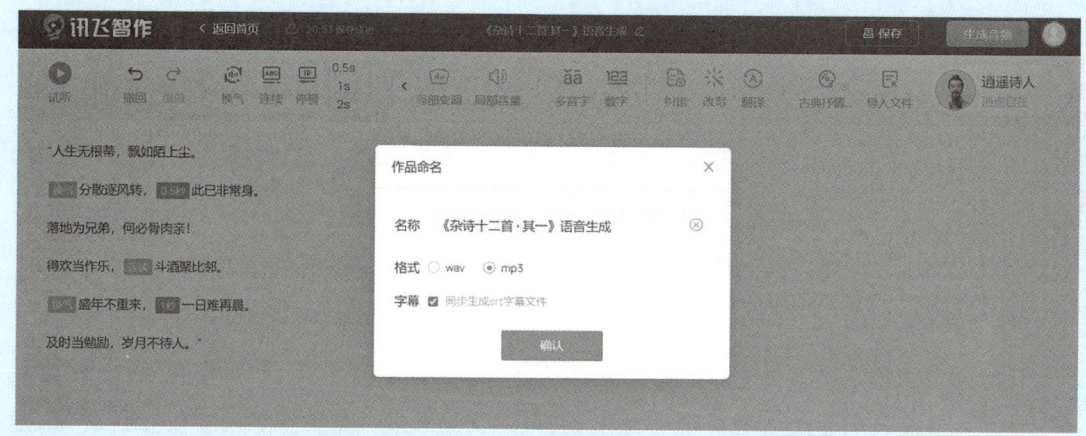

图 6-18 "作品命名"对话框

同步实训

在讯飞智作平台对《杂诗十二首·其一》进行智能改写，随后将改写后的文字当作歌词，输入至海绵音乐生成音乐，制作完毕后导出分享，如图 6-19 所示。

图 6-19 文字作为歌词生成音乐界面

活动二 ｜ 实现语音转文字

🤖 活动描述

会议记录是李华的工作职责。尤其是整理领导重要讲话稿时，处理几十分钟的录音，按以往方式往往要耗费半天乃至一天时间，既耗时又费力。而采用 AIGC 技术后，李华的工作效率大幅提升，领导和同事都对他刮目相看。

💡 活动分析

过去，整理领导讲话录音，常需一边播放音频，一边手动打字或用纸笔记录，极为耗时。如今，借助人工智能语音转文字技术，只须导入音频文件，平台便可智能生成文本，用户仅需进行校对和排版即可。

活动步骤

1. 设置参数

（1）访问讯飞听见官网，进入"讯飞听见"模块，点击"实时录音"功能里的"立即体验"按钮，如图 6-20 所示。

图 6-20 "实时录音"功能

(2)在"选择麦克风"的下拉菜单中,选定系统已安装的麦克风设备。

(3)依据实际需求,对相关参数进行设置,如图6-21所示。

图6-21 语音转文字参数设置

2. 设置手机收音

(1)点击"微信收音"按钮,打开微信扫码框,通过微信扫一扫切换到手机录音界面,如图6-22所示,切换后的手机录音界面如图6-23所示。

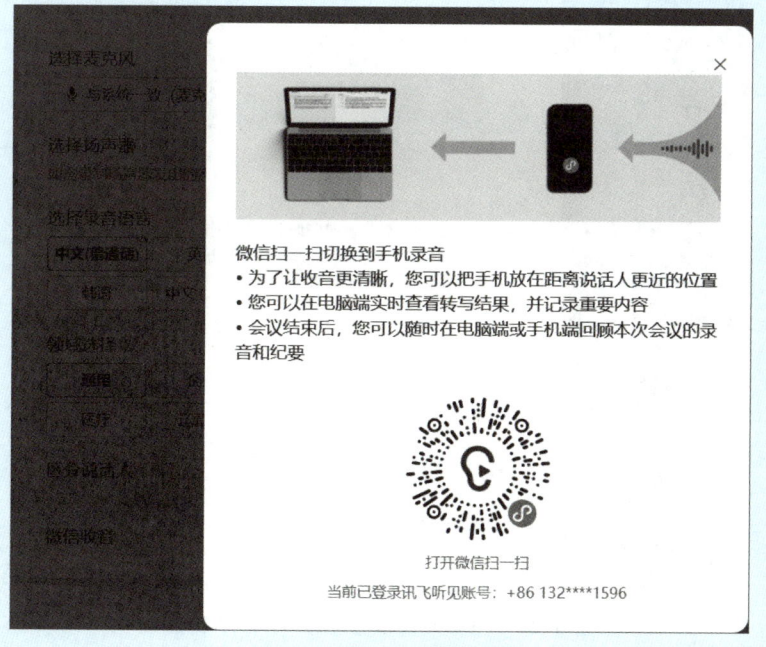

图6-22 微信扫一扫切换到手机录音界面

图 6-23　手机录音界面

（2）电脑端确认移动端"小程序收音"，如图 6-24 所示。

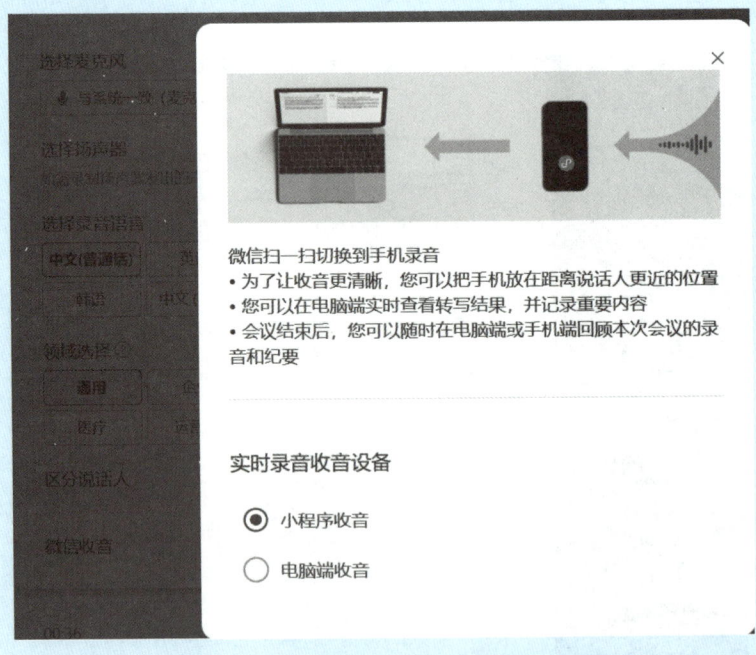

图 6-24　电脑端确认移动端"小程序收音"

(3) 实时转文字。点击电脑右下角或手机端"继续录音",开始语音实时转换文字,如图 6-25 所示。

图 6-25　语音实时转文字

(4) 转换完成后,导出文本文件到本地存储器,如图 6-26 所示。

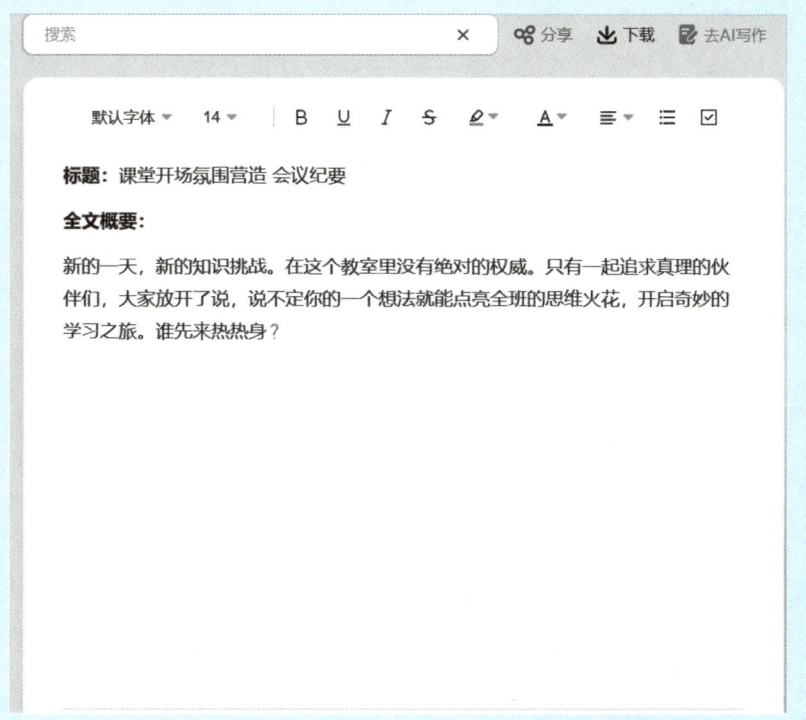

图 6-26　导出文本文件

同步实训

在信息时代,常常需要快速记录想法。借助手机将语音实时转换为文本,能极大提升效率,请分享一下具体操作过程与体会。

活动三 | 克隆声音

活动描述

公司计划举办广播剧比赛,剧中有位年老智者的角色,可团队成员的声音都无法完美契合。众人一筹莫展之际,李华想到了声音克隆技术。随后,他们选取少量符合智者形象的语音素材,运用专业工具进行细致分析。通过对音色、语调、语速等要素精准调校,成功克隆出极为逼真的智者声音。比赛时,这一克隆声音生动塑造了智者形象,凭借独特韵味与感染力,为广播剧增添了独特魅力,助力作品脱颖而出。

活动分析

本次活动运用剪映软件的声音克隆技术,来实现音视频文件声音的个性化替换编辑。操作时,先选取少量年老智者的音频片段作为样本,借助人工智能模型对这些片段的音色、语调、语速等关键声学参数进行分析提取。随后,将提取出的参数应用到新的文本内容上,便可生成与参考音频相似的语音。尽管该技术背后的实现原理较为复杂,但用户在实际操作中,只须按软件指引进行简单操作,无须掌握专业技术知识。

活动步骤

1. 导入音频文件

(1) 打开剪映软件,点击"开始创作"按钮,进入编辑界面,如图 6-27 所示。

(2) 导入音频文件,如图 6-28 所示。

(3) 将音频文件拖到音频轨道上,如图 6-29 所示。

2. 克隆系统内置声音

(1) 找到软件右上侧工具栏,点击其中的"换音色"选项卡,随后点击"音色",即可进入音色广场,如图 6-30 所示。

图 6-27 点击"开始创作"按钮

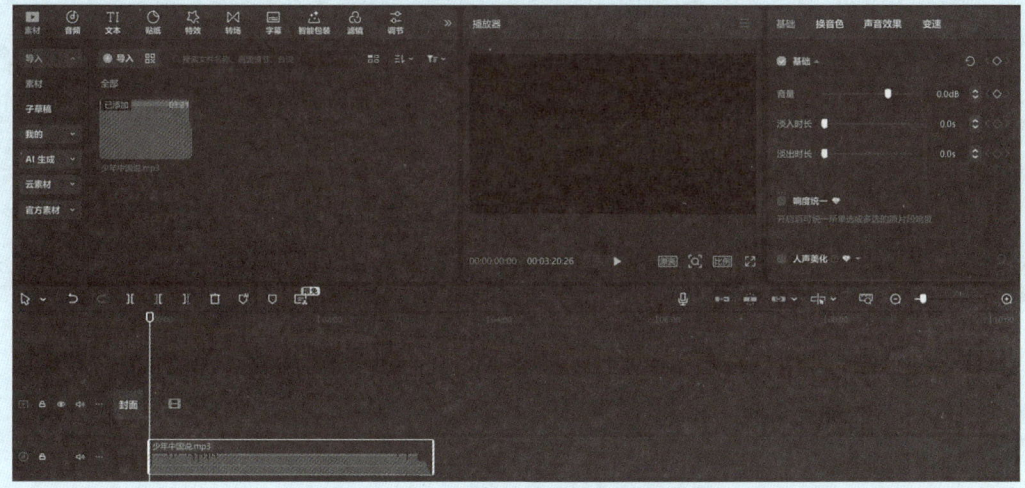

图 6-28 导入音频文件

图 6-29 将音频文件拖到音频轨道上

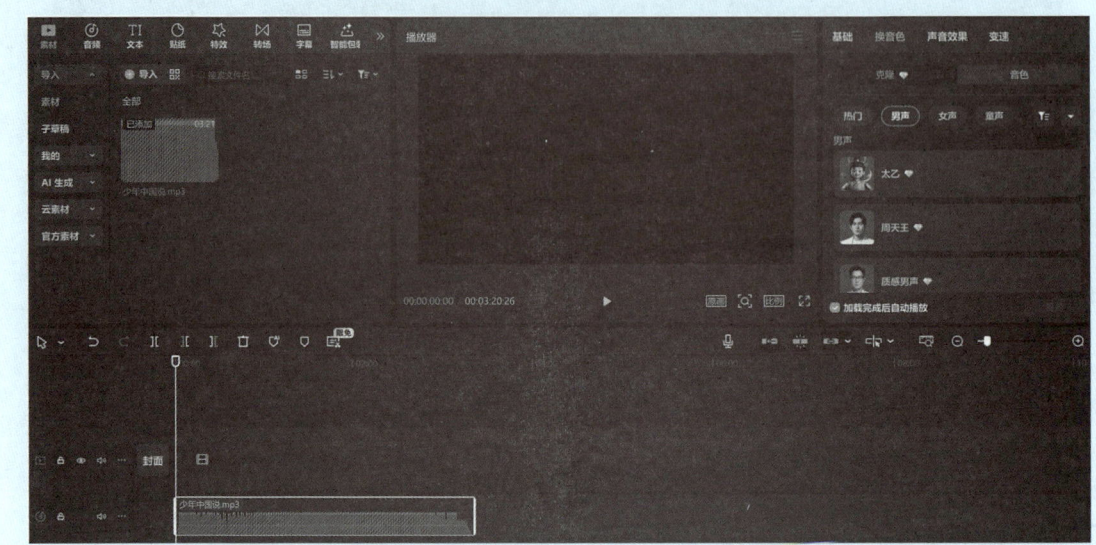

图 6-30　点击"音色"

(2) 在音色广场中,试听不同角色的声音,从中挑选出需要的角色声音,如图 6-31 所示。

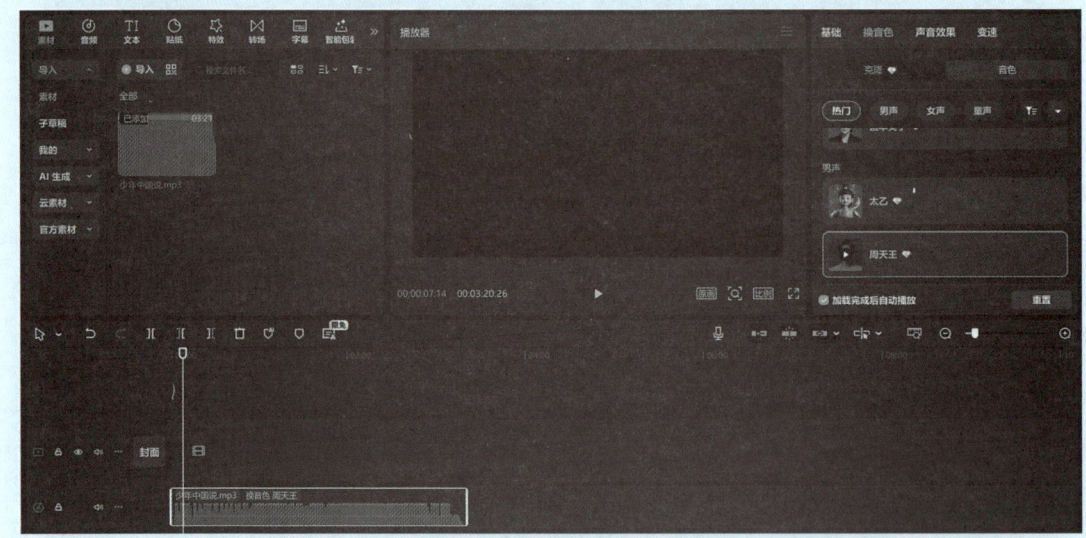

图 6-31　选择角色音色

3. 音频文件导出步骤

(1) 试听音频,确认效果满意后,依次点击"菜单""文件""导出"选项,开启音频导出流程,如图 6-32 所示。

项目六 用人工智能处理音视频

图 6-32　点击"菜单"导出音频文件

（2）在弹出的导出文件设置窗口中，选择"音频导出"，并将文件格式设定为 MP3，如图 6-33 所示。

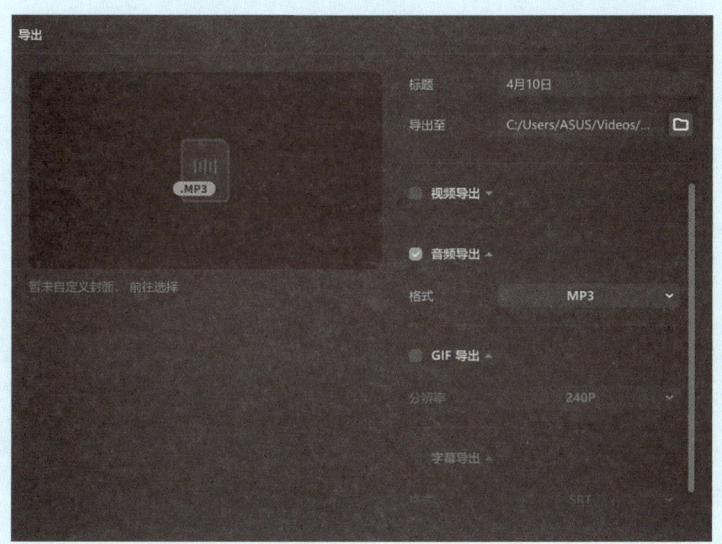

图 6-33　导出设置

（3）点击"导出"按钮，即可成功导出克隆音频文件。

同步实训

请同学们自选一段视频，按照以下步骤，使用剪映软件，克隆自己的声音并给视频配

187

音,制作完成后进行分享。

(1) 打开剪映软件,将准备编辑的视频导入。

(2) 点击底部工具栏的"文本"按钮,在弹出窗口中输入需配音的文字内容。

(3) 运用剪映功能克隆自己的声音,并将其应用到已输入的文本上。

(4) 点击"播放"按钮预览视频,依据效果对视频进行相应调整。

(5) 导出完成编辑配音的视频,进行分享。

任务二 用人工智能生成视频

任务情境

面对文旅事业的新机遇新挑战,陈逸所在的公司承接了"文旅融合,赋能发展"项目,该项目旨在挖掘地方文化资源,丰富地方文旅产品,着力实现文旅特色呈现智能化、文化表达多元化、活动体验趣味化。作为项目负责人,陈逸苦于人力、物力、财力和精力有限,为了充分挖掘地方文化资源,真正推动文化与旅游深度融合,有效助力地方文旅发展,他大胆尝试运用生成式人工智能,以数字化的形式轻松解决了这些难题。

在本任务中,将使用生成式人工智能技术,体验 AI 文字转视频、AI 数字人技术、AI 换脸技术等。

任务目标

1. 深入了解 AI 生成视频创作平台的常规操作。
2. 熟练掌握文字生成视频、数字人制作和 AI 换脸技术的方法与技巧。
3. 切实体会人工智能为生活、学习及工作带来的便捷,并能将其应用于实际场景。

一、了解 AI 生成视频

AI 生成视频的基本原理是用户通过文本或图像输入提示词描述需求,再利用生成对抗网络(GAN)、多模态模型(MMM)等技术,自动解析内容逻辑,生成脚本、分镜及匹配素材(如 3D 元素、背景音乐),最终渲染合成所需视频。整个生成过程模拟人类创作逻辑,由算法高效完成,实现了从"想法"到"成片"的智能转化,为视频创作带来了革命性的变化。

AI 生成视频已渗透到工作、生活的多个领域:广告营销中可以快速定制产品,推广宣传片,并适配各种场景、各种平台、各种风格;教育行业可以根据需要生成创意图片、特定动画或视频,从而将抽象的知识进行可视化呈现;短视频平台借助 AI 技术批量生成创意内容,有效提升创作与更新效率;电商行业通过虚拟主播和动态商品展示增强顾客的消费体验。AI 生成视频技术的广泛应用,大幅降低了视频制作的人力成本和时间成本,实现了创意的高效落地,同时也推动了视频制作向自动化与个性化方向发展。

二、认识创作平台

随着人工智能技术的飞速发展,AI 视频生成软件如雨后春笋般涌现出来,逐渐成为视频创作领域不可或缺的助力。下面介绍几款好用的 AI 生成视频创作平台:清影、即梦 AI、BeArt 和泡咖 AI。

1. 清影视频创作平台

清影是智谱清言旗下的一款免费 AI 视频生成工具,它能够根据用户输入的文字描述或上传的图片生成视频,支持文生视频和图生视频的功能。平台集成了多种艺术风格,用户仅需输入简单的指令便能生成具有独特艺术效果的视频,极大地丰富了视频内容的表现形式。此外,平台还为用户提供了多种风格的背景音乐选项,允许用户为视频添加背景音乐,比较独特的是,清影 2.0 还具有自动生成与视频内容相关人声和配音的能力,不仅为用户节省了音效制作或筛选的时间成本,还大大提高了视频创作的效率和完整性。清影的主界面如图 6-34 所示。

2. 即梦 AI 创作平台

即梦 AI 是剪映团队的一款生成式人工智能创作平台。在图片创作方面,它生成的图

图 6-34 清影的主界面

片质量较高，对中文的理解能力也较强；其智能画布工具支持本地素材上传，并能进行分图层 AI 生成、AI 扩图、局部重绘和局部消除等操作；在视频创作方面，它可以将文本转换成视频，也可以将输入的单图或两张图作为首帧和尾帧，并按照提示词描述生成视频，还可以通过对口型功能，为生成视频中的人物匹配口型或配音。即梦 AI 多样化的功能和较高的创作质量，为用户提供了丰富的创意灵感和便捷的创作工具。

在本任务中，即梦 AI 一站式智能创作平台的创作功能得到了综合运用。用户输入文字描述后，便能在线生成特定要求的图片；也可以输入提示词将生成的图片转换成动态视频；还可以输入脚本内容或语音将生成的图片人物转换为数字人。这样生成的视频和数字人面部表情更自然，形象更逼真，声音和人物的口型匹配度更高。即梦 AI 的主界面如图 6-35 所示。

图 6-35 即梦 AI 的主界面

3. BeArt 创作平台

BeArt 是一款免费的 AI 照片和视频换脸工具,用户无须支付任何费用即可享受其强大的功能。照片换脸时,用户只须上传两张不同的人物照片,AI 算法就会自动识别并提取照片中的人脸特征,然后进行精确匹配和替换,操作简单,生成的照片不仅面部特征逼真,而且能够保留原照片的背景、光线和色彩等细节。视频换脸时,BeArt 会逐帧处理视频内容,将目标照片中的面部特征应用到视频的每一帧,用户可以轻松地对视频中的角色进行替换。此外,只要是在平台内容政策允许的范围内,用户通过 AI 生成的图片或视频都可获得商业使用授权。BeArt 的主界面如图 6-36 所示。

图 6-36 BeArt 的主界面

4. 泡咖 AI 创作平台

泡咖 AI 是一款智能创作平台,它支持 AI 绘画设计、AI 换脸换装、AI 视频生成和 AI 写作 PPT 等功能。平台提供手机版 APP,操作便捷,且自带 AI 学院,为用户在线提供保姆级操作指南,讲解步骤清晰、内容通俗易懂。此外,泡咖 AI 生成的图片或视频也可获得商业使用授权,无版权风险。唯一的不足是,平台所有操作均需消耗算力(需充值获得)。泡咖 AI 的主界面如图 6-37 所示。

人工智能技术与应用

图 6-37 泡咖 AI 的主界面

活动一 用文字生成视频

活动描述

最近,公司正在举办"诗话苏州"系列展示活动,除了绘画作品、朗诵、手工作品,还计划制作一组短视频,旨在通过对与苏州相关的中国传统诗句的可视化呈现,多维度展现苏州水墨江南、园林叠翠的神韵。与苏州相关的古诗词不难找,但如何在较短的时间内生动、形象地动态呈现诗词的内容却并不容易。陈逸借助清影创作平台进行大胆尝试,不仅实现了呈现效果的多元化,还大大提高了视频创作的效率。

活动分析

千年姑苏、粉墙黛瓦、舟楫评弹、人间天堂。苏州,这座充满水墨神韵的江南水城,总能让我们联想到那些优美的诗句。《送人游吴》是唐朝诗人杜荀鹤借送行描绘苏州风貌的诗。视频制作时,陈逸使用清影创作平台的文本转视频的相关功能,紧扣诗中"夜市卖菱藕,春船载绮罗"的意境。画面以暖色调为主:近景描绘夜市上执秤卖菱藕的妇人、乌篷船上满载的绫罗绸缎与水中的倒影相呼应;远景勾勒江南水乡的青石拱桥、黛瓦白墙,夜色的深蓝、黑色与灯笼的朱红、暖黄形成色调对比,描绘出鱼米之乡的繁荣、热闹和富庶。

活动步骤

1. 设置视频尺寸

（1）打开浏览器进入清影创作平台并登录。

（2）在页面下方的文本输入框最左边点击"基础参数"，如图6-38所示。

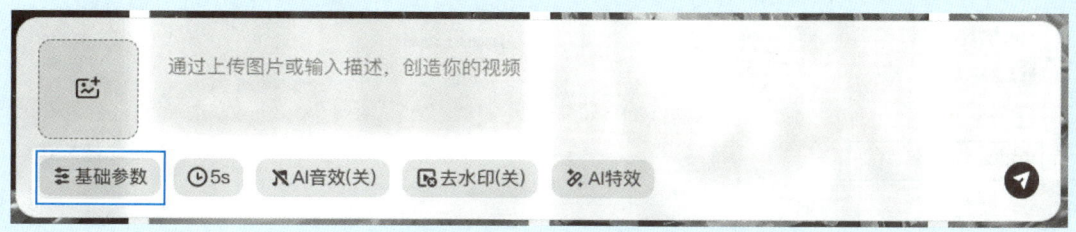

图6-38 文本输入框

（3）设置相关基础参数，包括"生成模式""视频帧率""生成比例"等，如图6-39所示。

图6-39 设置相关基础参数

2. 生成提示词

（1）清影还融合了智谱清言，提供了提示词生成助手，可以根据描述文字生成更贴近用户需要的提示词。点击左侧"清影提示词（文生视频专用）"按钮，打开"清影提示词"界面，如图6-40所示。

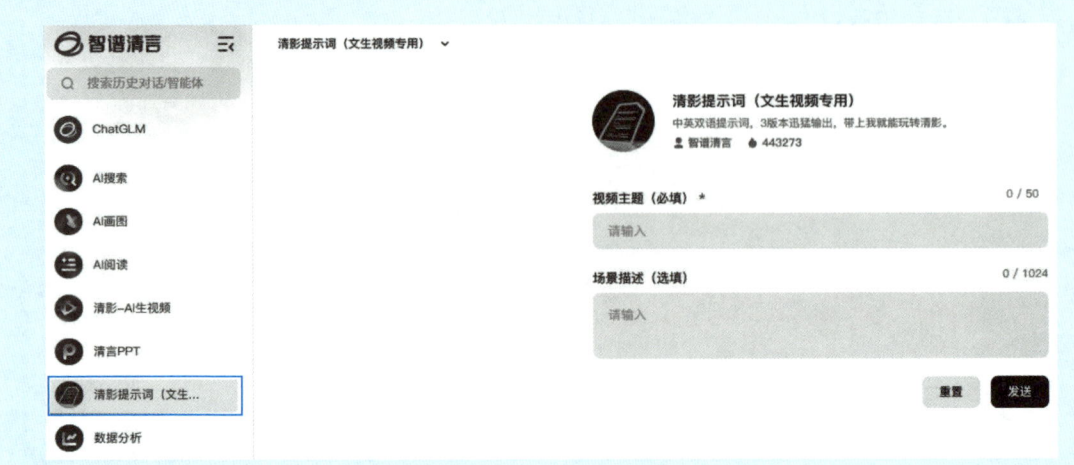

图 6-40 "清影提示词"界面

（2）在"视频主题"及"场景描述"输入框中输入相关内容，如图 6-41 所示。

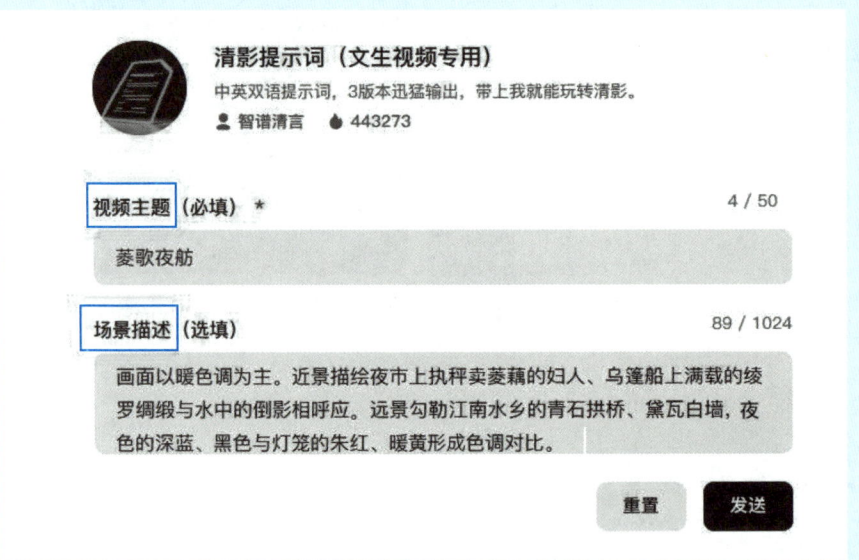

图 6-41 输入"视频主题"和"场景描述"内容

（3）点击"发送"按钮，平台将推荐三种不同风格的提示词，分别是水墨画风格、电影胶片感风格和印象派风格，如图 6-42 所示。

3. 输入提示词并生成视频

（1）选中任一种风格的提示词，点击右键进行复制，如图 6-43 所示。

项目六　用人工智能处理音视频

用户_EbSUmu

视频主题：菱歌夜舫

场景描述（选填）：画面以暖色调为主，近景描绘夜市上执秤卖菱藕的妇人、乌篷船上满载的绫罗绸缎与水中的倒影相呼应，远景勾勒江南水乡的青石拱桥、黛瓦白墙，夜色的深蓝、黑色与灯笼的朱红、暖黄形成色调对比。

启动！给我写提示词！我要做视频咯

清影提示词（文生视频专用）

我为你选取了3个风格：水墨画风格、电影胶片感风格、印象派风格，是否可以？

提示词1：水墨画风格（Ink Painting Style）

中文：在暖色调的水墨画风格中，镜头缓缓推近，夜市上一位穿着传统服饰的妇人正在执秤卖菱藕，她的表情专注，周围是热闹的市集和闪烁的灯笼。乌篷船上满载着绫罗绸缎，水中的倒影与实物相映成趣。远景中，江南水乡的青石拱桥和黛瓦白墙在夜色中若隐若现，黑色与朱红、暖黄的色调形成鲜明对比，气氛温馨，4K高清。

英文：In a warm-toned ink painting style, the camera slowly zooms in on a traditional-dressed woman selling lotus roots at a night market. Her focused expression is surrounded by the bustling market and flickering lanterns. A nearby boat is filled with silk and satin, its reflection in the water creating a playful visual. In the distance, the stone arch bridges and black-tiled, white-walled buildings of a water town blend into the night, with stark contrasts of black, crimson, and warm yellow tones, all captured in 4K high definition.

图 6-42　提示词生成界面

用户_EbSUmu

视频主题：菱歌夜舫

场景描述（选填）：画面以暖色调为主，近景描绘夜市上执秤卖菱藕的妇人、乌篷船上满载的绫罗绸缎与水中的倒影相呼应，远景勾勒出江南水乡的青石拱桥、黛瓦白墙，夜色的深蓝、黑色与灯笼的朱红、暖黄形成色调对比。

启动！给我写提示词！我要做视频咯

清影提示词（文生视频专用）

我为你选取了3个风格：水墨画风格、电影胶片感风格、印象派风格，是否可以？

提示词1：" 引用 风格（Ink Painting Style）

中文：在暖色调的水墨画风格中，镜头缓缓推近，夜市上一位穿着传统服饰的妇人正在执秤卖菱藕，她的表情专注，周围是热闹的市集和闪烁的灯笼。乌篷船上满载着绫罗绸缎，水中的倒影与实物相映成趣。远景中，江南水乡的青石拱桥和黛瓦白墙在夜色中若隐若现，黑色与朱红、暖黄的色调形成鲜明对比，气氛温馨，4K高清。

英文：In a warm-toned ink painting style, the camera slowly zooms in on a traditional-dressed woman selling lotus roots at a night market. Her focused expression is surrounded by the bustling market and flickering lanterns. A nearby boat is filled with silk and satin, its reflection in the water creating a playful visual. In the distance, the stone arch bridges and black-tiled, white-walled buildings of a water town blend into the night, with stark contrasts of black, crimson, and warm yellow tones, all captured in 4K high definition.

图 6-43　任选一种风格的提示词

195

(2) 点击左侧"清影-AI 生视频"按钮，返回"清影-AI 生视频"界面，在文本输入框中输入刚刚复制的提示词："在暖色调的水墨画风格中，镜头缓缓推近，夜市上一位穿着传统服饰的妇人正在执秤卖菱藕，她的表情专注，周围是热闹的市集和闪烁的灯笼。乌篷船上满载着绫罗绸缎，水中的倒影与实物相映成趣。远景中，江南水乡的青石拱桥和黛瓦白墙在夜色中若隐若现，黑色与朱红、暖黄的色调形成鲜明对比，气氛温馨，4K 高清。"如图 6-44 所示。

图 6-44　在文本输入框中输入提示词

(3) 点击"生成"按钮，清影创作平台会根据提示词生成视频（平台生成视频时间大概 3～5 分钟），如图 6-45 所示。

视频赏析
水墨画风格视频

图 6-45　生成的水墨画风格视频

(4)重复输入不同风格的提示词,可生成风格各异的视频,如图 6-46 和图 6-47 所示。

视频赏析

电影胶片感
风格视频

图 6-46　生成的电影胶片感风格视频

视频赏析

印象派
风格视频

图 6-47　生成的印象派风格视频

4. 设置声音效果

(1) 点击视频左下角的"添加 AI 音效",平台会根据视频画面内容自动生成合适的声音效果,让视频效果更生动,如图 6-48 所示。需要注意的是,该项 AI 视频音效功能目前仅对 VIP 用户开放不限次数使用权限,非会员用户可限时试用三次。

添加 AI 音效

图 6-48 生成 AI 音效

(2) 点击"添加背景音乐",在弹出的"选择视频背景音乐"对话框中,点击并试听内置的背景音乐,选择需要的背景音乐,点击"确定"按钮,如图 6-49 所示。

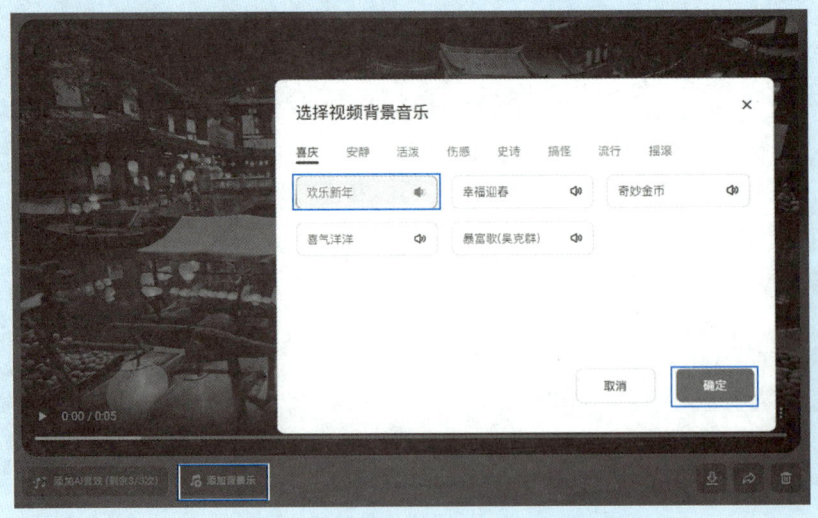

图 6-49 添加背景音乐

5. 下载生成的视频

点击视频右下角的"下载生成的视频"按钮,将视频保存到本地存储器,下载生成的视频。

同步实训

1. 选择一首自己熟悉的古诗,根据古诗的意境,尝试使用不同的AI创作平台将文本生成视频,然后与同学们交流创作过程。

2. 通过使用DeepSeek+清影视频创作平台生成视频,谈一谈你的创作过程,并体会DeepSeek与清影提示词(文生视频专用)在生成提示词方面的异同。

活动二 │ 打造数字人形象

活动描述

近期,公司承接了地方文旅系列宣传视频制作的工作,涉及地方传统文化、地方名胜古迹以及地方美食等,素材搜集没有问题,但主播人选却成了大问题。由于时间紧、任务重,陈逸及其团队人手也有限,为了节约成本,提高制作效率,按期交付作品,他们借助即梦AI创作平台打造了AI数字人作为虚拟推介人,轻松完成了任务。这种融合了AI技术的主播呈现形式,一经推出便凭借其"真人化"的视觉感受和多类型风格的切换,赢得了观众的广泛喜爱与认可。

活动分析

如何用即梦AI创作平台快速打造具有专属特征的数字人形象?实际应用中,我们往往需要结合场景定制专属的AI数字人,简单的方法是上传一张特定人物的照片,通过即梦AI生成所需的AI数字人。这种利用照片制作的数字人,形象更逼真,动作更自然,制作时间更短。陈逸想制作一位18~25岁的江南女子,齐肩发,身穿蓝布裙,手持苏绣折扇,站在周庄古镇的古石桥上,微笑着向大家介绍"中国水乡活化石"周庄。他借助即梦AI创作平台,通过"AI作图"功能生成人物角色图片,再通过"数字人"功能制作虚拟推介人,然后通过参数设置,制作出一个有动作、会讲话的AI数字人。

活动步骤

1. 生成人物图片

(1) 登录即梦 AI 创作平台。

(2) 进入"图片生成"区。点击"AI 作图"区的"图片生成"按钮,如图 6-50 所示。

图 6-50 "AI 作图"区的"图片生成"按钮

(3) 输入文字描述。在"图片生成"区的文本框中输入想要生成图片的文字描述:"一位 18~25 岁的江南女子,齐肩发,身穿蓝布裙,手持苏绣折扇,站在周庄的古石桥上,对着你微笑。"如图 6-51 所示。

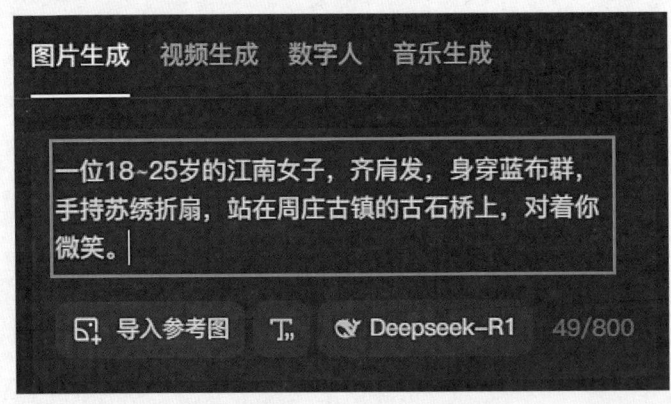 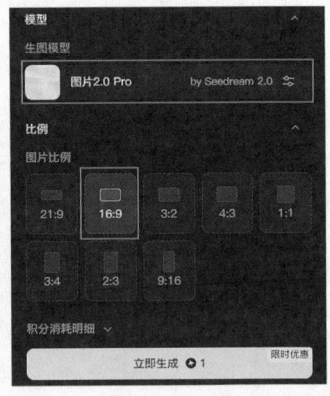

图 6-51 输入想要生成图片的提示词　　图 6-52 设置生图模型和比例

(4) 设置生图模型。一般选择"图片 2.0 Pro";再选择图片比例,手机端选择 3∶4 比较合适,电脑端 16∶9 比较合适,如图 6-52 所示。

(5) 立即生成。点击"立即生成"按钮,生成的图片如图 6-53 所示。

(6) 设置图片模式。在系统生成的四张图片中选中一张想要的效果图,点击该图片,然后在界面右侧"编辑"区选择"HD 超清",如图 6-54 所示。

图 6-53　生成的图片

图 6-54　设置图片模式

（7）下载图片。点击图片右上角的"下载"图标，保存图片，如图 6-55 所示。需要注意的是，这样保存的图片带有水印。

图 6-55　保存图片

2. 去除水印。

(1) 在网站首页点击"智能画布"按钮，打开"智能画布"界面，如图6-56所示。

图6-56 "智能画布"界面

(2) 上传带水印的图片。点击左上方的"上传图片"按钮，在弹出的对话框中选中刚刚保存的带水印图片。若图片与画板不匹配，在弹出的提醒文字"图片与画板不匹配，试试画板适应内容"处点击即可，如图6-57所示。也可以点击"画板适应内容"按钮。

图6-57 上传带水印的图片

(3)消去水印。选择右边的"图层1",点击图片放大后,可获得无水印图片,直接点击右上角的"导出"按钮即可,如图6-58所示。

图6-58 消去水印

3. 制作数字人

(1)在即梦AI创作平台首页,点击"数字人"区的"对口型"按钮,如图6-59所示。

图6-59 "数字人"区的"对口型"按钮

(2)导入角色图片。进入"数字人"设置界面,在"导入角色图片/视频"栏,选择"从本地上传",找到保存的图片并导入,如图6-60所示。

(3)设置"数字人"生成效果。在"生成效果"栏,默认"大师"模式,无须改动,该模式效果最佳,如图6-61所示。

(4)输入角色讲话内容。在"对口型"区的"文本朗读"栏文本框中,输入数字人的讲话内容:"周庄呀,14座老石桥串起明清老宅,阿婆坐窗边绣花,船娘摇橹唱小调。老戏台演昆曲,新科技护古桥,活脱脱六百岁的水乡博物馆!"如图 6-62 所示。如果提前制作了与说话内容相匹配的音频文件,也可以通过"上传本地配音"栏为角色设置讲话内容。

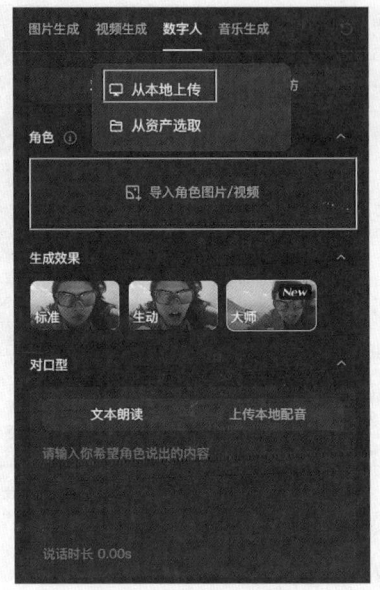

图 6-60　导入角色图片

图 6-61　设置图片生成效果

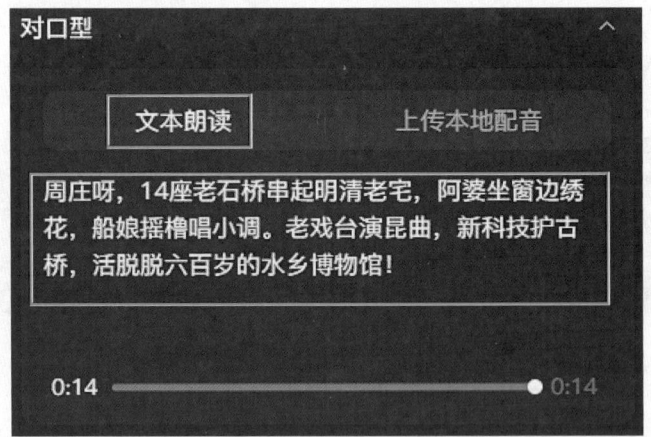

图 6-62　设置角色讲话内容

(5) 设置角色说话音色和语速。在"朗读音色"栏选择"魅力姐姐",在"说话语速"栏选择默认"1×"倍速,如图 6-63 所示。

(6) 生成视频。点击屏幕左下角的"生成视频"按钮,生成有动作、会说话、会微笑的数字人,如图 6-64 所示。

图 6-63　设置角色说话音色和语速

图 6-64　生成 AI 数字人视频

视频赏析

生成 AI 数字人视频

(7) 下载视频。

同步实训

1. 使用即梦 AI 创作平台，制作一个你自己的 AI 数字人，然后与同学们交流创作过程。

2. 尝试使用不同的 AI 创作平台制作 AI 数字人，对比不同软件制作的 AI 数字人的面部表情、动作和声音的差别。

活动三 | 运用人工智能换脸技术

活动描述

昆曲是汉族传统戏曲中最古老的剧种之一，被称为百花园中的一朵"兰花"。生旦净末丑,百态传千秋——昆曲以五大行当演绎人间悲欢,一颦一笑皆国粹。为吸引年轻群体近距离感受昆曲魅力,提升文旅品牌影响力,公司策划开展"AI 换脸·遇见昆曲"沉浸式艺术体验活动,这是一场以昆曲为主题的 AI 换脸互动体验活动。参与者只须提供一张个人照片,通过 AI 技术即可生成专属的"昆曲角色定妆照"或实现"一秒入戏"的效果。

💡 活动分析

AI 换脸技术(AI Face Swapping)是一种基于深度学习算法的计算机视觉技术,通过分析、提取并替换图像或视频中的人脸特征,将目标人物的面部表情、动作无缝迁移到目标人物的面部区域。该技术广泛应用于电影特效修复、演员替身场景、虚拟角色生成、历史人物复原等场景,显著提升了数字内容的创作效率与表现力。例如,BeArt 创作平台即可轻松实现这一功能。

需要注意的是,虽然该技术为影视特效、社交娱乐、医学教育等领域带来了创新机会,但 AI 换脸技术也是人工智能发展的双刃剑,用户在使用的过程中要秉承"科技向善"的理念,以伦理为基、以法律为界,确保技术的合法合规使用,避免使用未授权数据,不得侵犯他人隐私,并注意保护个人权益。为了规避以上问题,陈逸在创作时,先通过即梦 AI 生成原创人物照片和视频,再通过 BeArt 在线平台实现照片换脸和视频换脸效果。

🔬 活动步骤

1. 准备参考人物

(1) 打开即梦 AI 创作平台,进入"图片生成"页面,输入提示词:昆曲花旦的舞台照片,唯美、高清;选择生图模型为"图片 2.0",比例为 16∶9,点击"立即生成"按钮。即梦 AI 生成的四张图片如图 6-65 所示,在生成的四张图片中选择满意的一张图片。

图 6-65 即梦 AI 生成的四张图片

(2) 保存生成的图片,生成的花旦图片如图 6-66 所示。

(3) 生成视频。导入保存的花旦图片,选择视频模型为"视频 P2.0 Pro",生成时长为 5 s,视频比例为"自动匹配",点击"生成视频"按钮,生成所需视频,生成的视频如图 6-67 所示。

图 6-66 生成的花旦图片

图 6-67 生成的视频界面

视频赏析

生成的视频

2. 照片换脸

(1) 登录 BeArt 平台，进入网站主界面，如图 6-68 所示。

(2) 进入"照片换脸"界面。点击"尝试 AI 照片换脸"，进入"照片换脸"界面，如图 6-69 所示。

(3) 上传带有人脸的源图片。在右侧"上传带有人脸的源图片"下点击"上传图片"按钮，在弹出的对话框中选择要换脸的人物原图，如图 6-70 所示。

图 6-68　BeArt 的主界面

图 6-69　"照片换脸"界面

图 6-70 上传带有人脸的源图片

（4）上传目标人脸照片。在"上传目标人脸照片"下点击"上传图片"按钮，在弹出的对话框中选择目标人脸照片，如图 6-71 所示。

图 6-71 上传目标人脸照片

（5）开始图片换脸。点击"开始换脸"按钮，随后，左侧生成区便会生成换脸后的效果图，如图6-72所示。

图6-72 开始图片换脸

（6）点击生成图片下方的"下载"按钮，便可下载无水印效果图，换脸后的效果如图6-73所示。

图6-73 换脸后的效果图

3. 视频换脸

(1) 选择"视频换脸"选项卡,进入"视频换脸"界面,如图6-74所示。

图6-74 "视频换脸"界面

(2) 上传带有人脸的源视频。在"上传带有人脸的原视频"下点击"上传视频"按钮,在弹出的对话框中选择要换脸的原视频,如图6-75所示。

图6-75 上传带有人脸的源视频

(3) 上传目标人脸照片。在"上传目标人脸照片"下点击"上传图片"按钮,在弹出的对话框中选择要换脸的图片,如图6-76所示。

图 6-76 上传目标人脸照片

（4）开始视频换脸。在"开始免费换脸"下点击"开始换脸"，随后左侧生成区便会生成换脸后的视频效果图，如图 6-77 所示。

图 6-77 开始视频换脸

（5）点击生成视频下方的"下载"按钮，便可下载无水印的生成视频，如图 6-78 所示。

视频赏析

换脸后的视频

图 6-78　换脸后的视频效果图

同步实训

1. 选择一张自己的照片，用 BeArt 创作平台制作一张你自己的昆曲角色图片，然后与同学们交流创作过程。

2. 尝试使用不同的 AI 换脸软件，将视频中的人脸换成你自己的脸，并比较不同软件生成换脸视频的异同。

项目七

创新创业项目综合实训

人工智能已经逐渐渗透到各行各业,帮助企业提升效率,减少员工重复劳动,并优化决策过程。对于大多数人而言,掌握 AI 在职场中的实际应用技能,能提前具备未来工作所需的关键能力。

以中国茶饮业为例,随着"国潮复兴"战略的推进与中华文化自信的提升,中国新茶饮行业正经历从"网红快消"向"文化载体"的转型。据《2023 中国现制茶饮行业报告》显示,国风主题茶饮门店数量年增长达 67%,客单价较普通门店高出 28%,成为餐饮赛道增长最快的细分领域。

在 AI+创新创业背景下,某创新创业项目以"科技赋能文化商业"为核心理念,聚焦三大突破方向:通过 AI 驱动的商业情报系统精准捕捉文化消费趋势,利用智能财务模型实现成本动态管控,以及针对 18～30 岁文化消费主力群体,以 AI 赋能传统中医药茶饮文化,打造传统文化新体验。本项目的实施,既是传统文化现代表达的创新实践,也为小微企业在数字经济时代的转型升级提供了"AI+"的可复制的解决方案模板。

项目七　创新创业项目综合实训

任务　AI 辅助设计中药饮品店创新创业项目

任务情境

小张同学准备参加创新创业比赛,他已经初步选择中药饮品店(不同专业可根据专业特点选择合适的项目载体)这一方向作为创新创业项目主题参赛,请结合课程所学,使用 AI 帮助他在短期内迅速完成包含商业可行性分析、产品预算分析以及宣传方案设计的创业计划书。为提升效率,小张决定运用 AI 工具帮助团队进行创业规划,并通过路演争取虚拟投资。

任务目标

1. 掌握 AI 市场分析技术,完成商业可行性分析报告。
2. 熟练使用 AI 预算分析工具,开展开店预算、运营成本、员工工资等成本预测与计算。
3. 掌握 AI 宣传方案设计,学会利用品牌视觉与营销推广策略。

知识准备

一、AI 在企业应用场景

1. 智能招聘:快速筛选合适人才

HR 部门每天收到大量简历,AI 可以自动分析关键词,快速匹配最适合的候选人,节省人工筛选时间的同时,减少主观偏见的影响。

2. 智能客服:24 小时解答客户问题

电商、银行等行业的在线客服机器人(如淘宝"阿里小蜜")能理解自然语言,回答常见

215

问题,并在复杂情况下转接人工,从而大幅降低企业客服成本。

3. 数据分析:预测市场趋势

AI 能分析销售数据、客户评价乃至社交媒体趋势,帮助企业预测哪些产品会热销,或者发现潜在的市场机会,使决策更精准。

4. 自动化办公:一键完成重复工作

AI 可以自动整理会议记录、生成 Excel 报表,甚至帮忙撰写邮件和 PPT,让员工专注于更有创造性的任务。

5. 智能制造:提前预警设备故障

工厂利用 AI 分析机器传感器数据,预测设备可能出现的故障,避免产线突然停工,降低维修成本。

二、了解 PPT 故事线设计模板(SCQA 结构)

1. SCQA 结构定义

SCQA 是一种逻辑清晰的表达框架,由麦肯锡咨询公司提出,适用于商业汇报、产品提案、问题分析等场景。它包含以下四个关键部分。

S(Situation)情境:描述当前背景或现状。

C(Complication)冲突:指出问题或挑战。

Q(Question)问题:提出核心疑问。

A(Answer)答案:给出解决方案或建议。

这种结构能帮助听众快速理解问题,并认同汇报者的解决方案。

2. SCQA 各部分详解

(1) Situation(情景)

作用:设定背景,让听众进入主题。

写法:用数据或事实说明现状,避免主观描述。

例子:"过去一年,公司客户投诉量增长 40%,其中 75% 集中在物流延迟问题。"

(2) Complication(冲突)

作用:指出当前面临的挑战或痛点。

写法:说明现状的负面影响,制造紧迫感。

例子:"物流延迟导致客户流失率上升 15%,每月损失约 200 万元营收。"

(3) Question(问题)

作用:引导听众思考"该怎么办"。

写法:将冲突转化为一个明确的问题。

例子:"如何在不增加成本的情况下,将物流时效缩短 30%?"

(4) Answer(答案)

作用:提出你的解决方案,并展示价值。

写法:具体说明方法,并用数据支持。

例子:"引入 AI 路径优化系统,可减少配送时间 32%,预计半年内收回投资成本。"

3. SCQA 的实际应用案例

使用 SCQA 推广一款 AI 会议记录工具。

S(情境):每周平均召开 8 小时会议,但 60% 的参会者认为会议结论未被有效落实。

C(冲突):人工记录易遗漏重点,且整理耗时长达 2 小时/场。

Q(问题):如何确保会议重点被准确记录并快速共享?

A(答案):使用 XX AI 工具,自动生成会议摘要 + 待办事项,准确率达 95%,节省 80% 整理时间。

4. 使用 SCQA 的注意事项

数据支撑:用具体数字增强说服力(如"效率提升 40%"而非"大幅提升")。

简洁明了:每部分一两句话,避免冗长。

自然衔接:用逻辑连接词(如"然而""因此")让故事流畅。

避免跳步:必须按 S→C→Q→A 顺序展开,否则逻辑断裂。

三、图表选用原则(柱状图/折线图/饼图)

1. 核心原则:根据数据特征选择图表

图表的核心作用是用视觉化方式快速传递信息,选错图表会导致信息误读。选择标准取决于以下三个方面。

(1) 比较数量使用柱状图

(2) 观察趋势使用折线图

(3) 展示占比使用饼图

2. 柱状图：精确比较离散数据

(1) 适用场景：对比不同类别的数值（如各分公司销售额）；显示排名关系（如产品销量 TOP5）；含时间维度但周期较少（如 2023 VS 2022 年数据）。

(2) 案例：比较 A/B/C 三款手机的年销量；显示华东/华南/华北市场的营收差异。

(3) 设计技巧：类别≤7 组，否则改用条形图（横向柱状图）；数值从 0 开始，避免比例误导。

3. 折线图：揭示连续变化趋势

(1) 适用场景：观察时间序列变化（如股价走势、月度用户增长）；对比多组数据趋势（如竞品市场份额变化）；预测未来数值（附加趋势线）。

(2) 案例：展示近 12 个月网站流量波动；对比两条生产线的不良率变化。

(3) 设计技巧：时间轴等距分布（避免压缩 X 轴）；线条≤4 条，用实线/虚线区分。

4. 饼图：强调整体与部分关系

(1) 适用场景：展示单一维度的占比（如市场份额、预算分配）；突出最大/最小组成部分（如主力产品营收占比）。

(2) 案例：显示公司营收来源（电商 60%/线下 30%/其他 10%）；分析用户年龄分布（18～25 岁占 45%）。

(3) 设计技巧：区块≤6 个，其余合并为"其他"；占比从 12 点钟方向顺时针降序排列。

5. 常见错误与替代方案（表 7-1）

表 7-1　常见错误与替代方案

错误用法	问题	正确替代
用饼图比较三年销售额	无法清晰对比趋势	柱状图/折线图
折线图显示非连续数据（如城市 GDP）	误导连续性	柱状图
柱状图展示占比总和 100%	视觉效率低	饼图/堆叠柱状图

6. 进阶选择工具

(1) 决策树：比较数值选用柱状图；查看趋势选择折线图；查看占比选择饼图。

(2) 混合图表：柱状图＋折线图组合（如同时展示销售额和增长率）。

四、商业计划书黄金三角结构

1. 可行性分析框架

市场容量测算：周边 3 公里竞品数量、客流量预测。

消费者画像:中医养生与国风国潮偏好度、价格敏感度分层。

文化元素适配:汉服/书法/非遗等元素的商业化路径。

2. 财务建模要点

初始投资分解:装修/设备/首批原料占比。

盈亏平衡计算:日均销售杯数临界值。

敏感度分析:原料价格波动±10%的影响。

3. 视觉传播策略

国风设计:色彩体系。

新媒体矩阵:抖音、哔哩哔哩、小红书等社交媒体平台内容差异化创作。

事件营销:结合热点主题与事件,比如国潮主题日、联名非遗手作等营销热点活动。

活动一 | 收集与分析中药饮品店可行性

活动描述

学生作为市场调研员,需针对中药饮品、奶茶店等同类店铺,收集至少5家店铺的相关信息,具体内容如下。

1. 基础信息:店铺名称、成立年份、公司地址。
2. 财务数据:近三年营业额(2022—2024)。
3. 联系方式:官网网址、联系电话、企业邮箱。
4. 业务特点:主要产品、客户群体画像。

完成后,各组需将信息整理成结构化表格,并使用AI工具辅助制作一份可行性报告,需包含行业趋势分析、实际案例、数据可视化及可行性建议,各小组进行5～10分钟模拟汇报,随后接受其他小组和教师的提问与点评,分析中药饮品店项目的可行性和市场行情。

活动分析

通过本活动,学生将掌握以下技能。

1. 商业信息检索技巧:学习借助AI工具从各种渠道获取有效数据。

2. 数据验证能力:通过交叉比对不同来源的信息,验证其真实性。

3. 行业洞察力:从数据中提炼行业的竞争格局和发展趋势。

活动步骤

1. 教师引导

(1) 发布创新创业项目任务,学生完成分组并确定小组名称。

(2) 数据来源:实地调研、企业官网、财经平台(如 MoneyDJ、东方财富网等)、政府公开数据等。

2. 收集数据

(1) 锁定目标

选择合适的商业区域,开展信息收集工作。

(2) 数据采集与验证

选择合适的 AI 工具,从以下角度进行数据采集与验证。

营业额:查找年报/财报中的"合并营收"数据。

联系方式:官网"联系我们"栏目优先,辅以工商注册信息。

交叉验证:对比公司官网与财经平台数据的一致性。

(3) 呈现数据与报告

使用 Excel 表格规范字段。

借助 AI 完成项目可行性报告,内容包括:行业趋势分析、实际案例及可行性建议。

同步实训

同步实训一:根据所学专业选择 1 家企业,深入挖掘其商业信息

1. 客户名单:前三大客户名称及合作项目、产品(通过新闻稿/招股书查找)。

2. 研发投入:近三年研发费用占比(财报"管理费用"科目)。

3. 提交成果:企业档案卡(含上述数据)及数据来源说明。

同步实训二:以"科技赋能文化商业"为核心理念,请大学生创新创业团队借助 AI 工具,为项目取一个名字,完成后进行分享。

活动二 │ 分析项目预算

🤖 活动描述

假设你作为企业市场部员工，使用 AI 工具对创业项目进行预算评估与分析，完成项目的预算评估报告，评估中药饮品店开店的商业可行性和投资营收预算。报告需包含开店投资、营收周期、预计盈利时间等，完成后，各组进行 5~7 分钟项目汇报，汇报中接受组间互评及教师的提问与点评。

💡 活动分析

通过实际动手操作 AI 设计工具，学生能直观体验人工智能如何提升效率，同时培养以下能力。

1. 信息整合能力：从海量数据中提炼关键信息。
2. 视觉表达技巧：学习用图表和版式清晰传递观点。
3. 商业思维训练：结合技术与市场需求分析项目盈利周期和商业发展趋势。
4. 演讲表达能力：通过汇报提升逻辑说服力。

活动步骤

1. 教师引导与案例展示

(1) 讲解预算报告内容和要求。

(2) 展示商业汇报案例：以"星巴克 AI 选址系统"为例，分析汇报结构（问题→数据→方案→收益）。

2. 运营成本分析

步骤 1：数据收集与可视化。

(1) 从公开数据源（如 Statista、艾瑞咨询）获取行业数据。

(2) 用 AI 工具将数据转化为柱状图/折线图（强调趋势对比）。

例如：人力成本优化——排班系统模拟（客流量预测）和损耗控制——AI 库存管理系统（提前 7 天预警原料过期）。

步骤 2：AI 辅助制定项目商业运营预算表。

(3) 财务模型验证。

例如：使用表格工具预测三年现金流；敏感性测试：客单价每下降2元对利润率的影响。

步骤3：AI辅助设计汇报。

使用SCQA结构（情境→冲突→问题→答案）规划汇报内容逻辑。

3. 完成小组汇报与组间互评

（1）每组进行5～7分钟汇报，重点说明：如何借助AI工具获取数据的挑战与解决方法；预算数据的商业分析、项目盈利点和运营规律等。

（2）其他小组从逻辑性、视觉呈现、技术应用三方面评分。

同步实训

任务：选择一家本地企业（如服装店、书店），为其设计一份"AI升级方案"汇报，要求如下。

1. 使用至少2种AI设计工具。
2. 包含成本效益分析（如"数字人辅助客服提升客户维护"）。
3. 提交PPT文件及500字制作过程说明（含工具使用心得）。

活动三 ｜ 设计创业项目宣传方案

活动描述

创业团队成员需要担任品牌经理的角色，运用本门课程所学习的AI工具，为团队的创业项目制定完备的营销策划方案、设计宣传海报以及宣传片。通过一套完整的宣传方案，实现项目品牌推广、吸引目标受众、提升品牌认知度并促进销售转化。

传统方案设计依赖人工调研和头脑风暴，耗时耗力并且可能受限于个人主观经验。通过AI工具实现大数据分析、图像生成等完整工作流，辅助完成营销策略制定、创意生成、方案优化等环节，提升效率并挖掘潜在创新点。

活动分析

通过本活动，学生将掌握以下技能。

1. AI工具实操能力：使用不同AI工具辅助完成从用户画像分析到创意生成，再到效果预测的全流程宣传方案制定工作流。

2. 创意内容设计与技术融合能力：掌握文生图、图生视频、文生音频的跨模态创作技能。

3. 视觉与文案协同优化技能：学习将 AI 辅助产出的宣传语、宣传海报、宣传片等内容进行品牌风格统一化，并通过人工审核与优化提升创业项目的品牌独特性。

活动步骤

1. 分析用户画像与用户需求

使用本课程所学的 AI 工具，针对团队创业项目开展用户画像与需求分析，根据所分析维度编写 AI 提示词，最终确定受众群体以及宣传主题。

2. 制定宣传方案

使用本课程所学的 AI 工具，根据用户画像与用户需求，从以下模块（包括但不限于）确立宣传方案。

(1) 项目核心亮点（或产品核心卖点）。

(2) 宣发投放渠道（线上或线下等）。

(3) 宣发时间规划（预热期、爆发期、延续期的节奏安排，关键时间节点等）。

(4) 宣传目标（项目的传播推广曝光量、会员转化率、KPI 等）。

3. 创意内容设计

(1) 宣传标语：使用本课程所学的 AI 工具，为团队创业项目生成宣传标语，通过人工优化筛选，产出最终成果。

(2) 宣传海报：使用本课程所学的文生图 AI 工具，根据团队创业项目方向，自拟 AI 提示词，自定义海报设计视觉创意与风格，完成宣传海报的设计。

(3) 宣传视频：使用本课程所学的图生视频 AI 工具，根据已设计的宣传海报视觉风格，生成类似风格的宣传视频（时间不限），并使用文生音频 AI 工具，为宣传视频匹配合适的背景音乐。

4. 完成小组汇报与组间互评

(1) 每组进行 5～7 分钟汇报，重点说明：如何借助 AI 工具制定项目宣传方案、生成相关营销海报以及品牌宣传片。

(2) 其他小组从逻辑性、视觉呈现、技术应用三方面进行评分。

同步实训

任务：尝试使用不同的 AI 工具完成活动步骤中的每项任务，比较最终生成结果，并分析不同 AI 工具的优缺点。

任务目标	使用工具	优点	缺点

郑重声明

高等教育出版社依法对本书享有专有出版权。任何未经许可的复制、销售行为均违反《中华人民共和国著作权法》，其行为人将承担相应的民事责任和行政责任；构成犯罪的，将被依法追究刑事责任。为了维护市场秩序，保护读者的合法权益，避免读者误用盗版书造成不良后果，我社将配合行政执法部门和司法机关对违法犯罪的单位和个人进行严厉打击。社会各界人士如发现上述侵权行为，希望及时举报，我社将奖励举报有功人员。

反盗版举报电话　（010）58581999　58582371
反盗版举报邮箱　dd@hep.com.cn
通信地址　北京市西城区德外大街 4 号　高等教育出版社知识产权与法律事务部
邮政编码　100120